R

MONOGRAPHIE

ou

NOTICE DES DIVERSES ŒUVRES

DE LA

Paroisse de Saint-Pierre

DE LYON

O Notre-Dame de Fourvière, nous
confions ces œuvres à votre cœur
de Mère, et nous vous demandons
pour tous ceux qui en font partie,
votre plus particulière bénédiction,
je veux dire celle qui porte bonheur.

LYON

IMPRIMERIE & LIBRAIRIE DE LA CROIX

M. PAQUET

40, Rue des Remparts-d'Ainay

1893

MONOGRAPHIE

DES

OEUVRES DE LA PAROISSE

DE

Saint-Pierre

MONOGRAPHIE

OU

NOTICE DES DIVERSES ŒUVRES

DE LA

Paroisse de Saint-Pierre

DE LYON

> O Notre-Dame de Fourvière, nous
> confions ces œuvres à votre cœur
> de Mère, et nous vous demandons
> pour tous ceux qui en font partie,
> votre plus particulière bénédiction,
> je veux dire celle qui porte bon-
> heur.

LYON

IMPRIMERIE & LIBRAIRIE DE LA CROIX

M. PAQUET

40, Rue des Remparts-d'Ainay

—

1893

CHERS PAROISSIENS,

En vous offrant cette petite brochure concernant nos œuvres, nous n'avons qu'un désir, celui de vous les faire connaître, afin que les connaissant avec leurs divers avantages, vous n'hésitiez plus à y entrer, pour attirer sur vous, sur vos familles et sur vos affaires les bénédictions de Dieu. C'est donc un peu de bonheur que nous voudrions vous donner sur cette terre, tout en vous assurant celui de votre éternité.

En effet, les œuvres que nous venons vous recommander, sont comme autant d'échelons pour nous aider a gravir les pentes escarpées du bonheur, ou comme des forteresses élevées çà et là sur notre route, pour nous protéger contre les ennemis de notre salut, ou comme une table somptueusement servie, où notre âme peut choisir selon son goût les mets les plus variés, les plus fortifiants et les plus exquis.

J'ajoute que nos œuvres sont comme un lien mystique et divin qui doit unir les unes aux autres toutes les personnes de Saint-Pierre, de telle façon que tout le monde se connaisse et s'aime, et que chacun porte secours à celui qui a besoin.

C'est pourquoi, tous nos paroissiens voudraient faire partie de nos œuvres, si elles étaient mieux connues. Veuillez donc lire attentivement les pages qui suivent.

F. PANGAUD.

MONOGRAPHIE

DES

OEUVRES DE LA PAROISSE

DE

Saint-Pierre

———

L'échelle qui nous fait monter au parfait bonheur a trois sortes de degrés.

I. — LES ÉCHELONS DU DEVOIR : Là, nous sont enseignées nos diverses obligations envers Dieu, envers nous-mêmes, vis-à-vis de la famille et à l'égard de la société.

1er échelon du devoir envers Dieu : *La prière.*

2me échelon du devoir envers Dieu et la famille : *La prière en commun.*

3me échelon du devoir envers Dieu et la paroisse : *La sanctification du dimanche.*

4me échelon du devoir envers Dieu et la société : *La propagation des bonnes lectures.*

5me échelon du devoir pour posséder la vraie vie : *La Sainte Communion.*

11. — Les échelons d'honneur : Là, nous trouvons tous les exercices de la véritable dévotion envers Notre-Seigneur, sa sainte Mère et les saints, et le secret de vivre d'une manière plus parfaite, et dès lors plus heureuse.

1er échelon d'honneur : *La Confrérie du Très-Saint-Sacrement* pour les hommes.

2me échelon d'honneur : *L'adoration perpétuelle*, pour tout le monde.

3me échelon d'honneur : *L'Archiconfrérie du Sacré-Cœur de Jésus*.

4me échelon d'honneur : *La Confrérie de la Garde d'honneur*.

5me échelon d'honneur : *La Sainte Face*.

6me échelon d'honneur : *Le saint Rosaire*.

7me échelon d'honneur : *La Congrégation des Enfants Adorateurs*, pour les préparer à la première Communion.

8me échelon d'honneur : *La Congrégation de l'Ange Gardien*, pour les enfants après la première Communion.

9me échelon d'honneur : *La Congrégation des Enfants de Marie*, pour les jeunes filles.

10me échelon d'honneur pour les dames : *La Congrégation des Mères Chrétiennes*.

11me échelon d'honneur : *La Société de Saint Joseph*, pour les jeunes gens et pour les hommes.

12ᵐᵉ échelon d'honneur : *La Société de Saint François de Sales*, pour les grands chrétiens.

III. — LES ÉCHELONS DE LA VRAIE FRATERNITÉ : Là, notre cœur apprend à se dévouer à tous ceux qui ont besoin de secours, en pratiquant à leur égard les exercices de la parfaite charité.

1ᵉʳ échelon de la vraie fraternité : *La Propagation de la foi.*

2ᵐᵉ échelon de la vraie fraternité : *L'œuvre de Saint François de Sales.*

3ᵐᵉ échelon de la vraie fraternité : *L'œuvre des Écoles catholiques.*

4ᵐᵉ échelon de la vraie fraternité : *L'œuvre de l'École dominicale* pour les ouvrières.

5ᵐᵉ échelon de la vraie fraternité : *L'œuvre de la Miséricorde.*

6ᵐᵉ échelon de la vraie fraternité : *L'œuvre de la Providence.*

7ᵐᵉ échelon de la vraie fraternité : *L'œuvre des Veilleuses.*

8ᵐᵉ échelon de la vraie fraternité : *L'œuvre du Denier de Saint Pierre.*

9ᵐᵉ échelon de la vraie fraternité : *L'œuvre de Notre-Dame des soldats.*

10ᵐᵉ échelon de la vraie fraternité : *L'œuvre des Facultés catholiques.*

11ᵐᵉ échelon de la vraie fraternité : *L'œuvre du Chant religieux.*

PREMIÈRE PARTIE

LES ÉCHELONS DU DEVOIR

1er échelon du devoir pour arriver au bonheur

La prière.

Une vérité que personne ne saurait nier, c'est que tout le monde désire d'être heureux, et a besoin de le devenir. Et ce désir comme ce besoin sont si impérieux chez chacun de nous, que tous les sacrifices nous paraissent légers, si à ce prix nous pouvons acheter le bonheur.

Or, Dieu seul peut le donner à qui il veut, parce que seul Il en est le maître, et la foi comme l'expérience nous affirment que Dieu ne partage son bonheur qu'avec ceux qui prient.

Dès lors, abandonner la prière, c'est se condamner à une vie malheureuse sur cette terre et pour l'éternité. Car, dit saint Ligori, quiconque ne prie pas se damne, c'est-à-dire vivra toujours dans la peine et le désespoir. Mais, ajoute le saint Docteur : quiconque prie se sauve ; ce qui veut dire, que l'homme de prière, sera béni de

Dieu en ce monde, et au ciel possédera un bonheur qui
ne finira jamais et qui comblera tous nos désirs.

En faut-il davantage, pour que j'ose vous demander
à vous qui ne priez plus, au moins un *pater* et un *ave*,
chaque matin et chaque soir, avec cette invocation :
Notre-Dame de Fourvière, priez pour nous.

Essayez, et vous ne tarderez pas à comprendre que
la prière est pour l'homme ici-bas un vrai régal, et
pour l'éternité la source des véritables joies.

2ᵐᵉ échelon du devoir pour donner le bonheur à la famille :

La prière en commun.

Quand nous prions notre Père et notre Mère qui sont dans les cieux, notre être tout entier est refait. Quoi d'étonnant! La prière que nous venons de réciter, n'a-t-elle pas créée entre Dieu et nous des rapports intimes? ceux de l'amitié. Or, entre amis, tout est commun ; c'est pourquoi la prière nous rend participants des biens et du bonheur de Dieu.

Il y a mieux encore : c'est la prière en commun. En effet, quand nous prions avec tous ceux de notre maison, c'est la famille tout entière qui est refaite. Et comment cela? par l'union plus étroite contractée avec Dieu, et qui régnera désormais parmi les divers membres de la famille pour le bonheur de tous.

Oh! comme il est facile de s'aimer, les uns les autres, et comme on sait se dévouer à ses enfants, à son père et à sa mère, à ses frères et à ses sœurs, lorsque ensemble on s'est mis à genoux pour invoquer le Dieu de toute charité!

Permettez-moi donc de vous conseiller la prière en commun, au moins le soir, et autant que possible devant une image de la Sainte-Famille.

J'ose vous promettre de la part de Jésus, de Marie et de Joseph les bénédictions les plus particulières, si vous réussissez à introduire dans votre maison l'usage

de la prière en famille. Cet usage a été approuvé solennellement par Pie IX et Léon XIII et enrichi de nombreuses indulgences.

La pratique essentielle, mais suffisante pour gagner
ces indulgences, consiste à faire chaque jour en commun, au moins la prière du soir, devant l'image de la
Sainte-Famille, et de terminer la prière par cette invocation : ô Jésus, Marie, Joseph, éclairez-nous, secourez-nous, sauvez-nous.

Cette invocation a deux cents jours d'indulgences ;
et la prière faite en famille, donne droit chaque jour
aux associés à une indulgence de sept ans et de sept
quarantaines.

Il y a indulgence plénière aux principales fêtes de
Notre-Seigneur, de la Sainte Vierge, et de Saint Joseph, et une fois par mois, moyennant confession,
et prière à l'église aux intentions du Souverain Pontife.
N'hésitons donc plus à donner notre nom à une association si facile et si précieuse.

3ᵐᵉ Echelon du devoir pour donner le bonheur à la paroisse :

La sanctification du dimanche.

Si la prière refait l'homme et la famille, par les bons rapports qu'elle établit entre Dieu et ceux qui l'invoquent, ne pouvons-nous pas affirmer, qu'une paroisse tout entière est refaite à son tour, quand le dimanche y est sanctifié par l'assistance à la messe et par le repos dominical ?

Le jour du Seigneur devient alors le jour de tout le monde et un jour de fête. On n'est plus aux affaires, et encore moins aux soucis, on est tout à la joie. Comme le corps se repose des fatigues de la semaine, on trouve du temps pour faire tout ce qui est bien et bon. On se réunit à l'église afin de mieux prier, et pour attirer sur toute la paroisse par ces prières publiques les bénédictions qui portent bonheur. On se réunit en famille, afin d'entretenir et de fortifier les bons rapports, qui constituent la vie du cœur. On se visite entre amis, on s'invite pour se réjouir ensemble... on va consoler ceux qui souffrent, et on essaie de ramener au bon chemin les pauvres égarés. Enfin, chacun s'ingénie pour avoir un peu de bonheur ce jour-là, et en donner à son voisin ; de sorte que, le dimanche, quand il est sanctifié comme le Bon Dieu le commande, devient vraiment un jour de fête et de réjouissance pour toute la paroisse.

O vous donc, qui ne connaissez plus le dimanche, parce que vous travaillez, quand vous devriez vous reposer, et qui êtes au magasin ou à l'atelier, alors que votre place est vide à l'Eglise, prenez aujourd'hui deux résolutions : la première de ne jamais travailler le dimanche, sans de sérieux motifs, et la seconde, de ne jamais manquer la Sainte Messe par votre faute.

Que de chagrins vous vous épargnerez! je pourrais ajouter, que de joie vous vous préparerez!

4ᵐᵉ Echelon du devoir pour donner le bonheur à la Société :

La propagation des bonnes lectures.

Une vérité reconnue de tous, c'est que la presse aujourd'hui, est la reine du monde, parce qu'elle fait l'opinion, et que l'opinion dirige et gouverne le monde. Dès lors, si la presse est mauvaise, le monde sera mal dirigé, si la presse est bonne, le monde sera bien gouverné.

C'est pourquoi, faire la guerre à la mauvaise presse, au mauvais journal, et remplacer la presse malsaine, le journal malsain, par la bonne presse, par le bon journal, c'est accomplir une œuvre excellente par-dessus toutes; car c'est tout à la fois une œuvre de fraternité, une œuvre sociale et de patriotisme.

En effet, si toute lecture que l'on fait avec attention, est un aliment que s'assimile notre âme, il suit que la lecture d'un mauvais livre ou d'un mauvais journal, est un poison pour notre esprit et pour notre cœur : c'est pourquoi, empêcher quelqu'un de faire une telle lecture c'est l'aimer de la meilleure manière, puisqu'on le préserve de la mort, en lui enlevant le poison qui doit la lui donner.

J'ajoute que faire la guerre à la mauvaise presse, c'est une œuvre sociale. Le mauvais journal comme le mauvais livre sont offerts tous les jours à des milliers de lecteurs, peut-être de bonne foi? mais en seront-ils moins empoisonnés? Les avertir, pour leur épargner un pareil malheur, c'est donc rendre service à des milliers de personnes : ce n'est plus seulement un acte isolé de charité c'est un service rendu à la société tout entière

C'est encore une œuvre de patriotisme. Que fait le mauvais journal, que fait le mauvais livre? ils sèment l'un et l'autre dans tout un pays des doctrines malsaines. Et sous *l'influence* de ces doctrines, voici que les citoyens ne savent plus s'aimer. c'est à peine s'ils peuvent se supporter, et trop souvent ils s'arment les uns contre les autres.

Remplacer ces doctrines subversives par la doctrine salutaire du Saint-Évangile, voilà le secret de résoudre la question sociale, voilà l'œuvre que je vous recommande aujourd'hui. En est-il une plus digne de vous et de votre bon cœur? A l'œuvre donc, et par tous les moyens en notre pouvoir, combattons la mauvaise presse par la bonne presse, le journal malsain par le journal qui fait du bien, et le mauvais livre par le livre qui édifie et qui apprend à vivre honnêtement et honorablement.

Promettons à Notre-Seigneur, de ne jamais lire un journal, ni un livre qui puissent nous faire du mal. Et n'oublions pas que ni notre âge, ni notre instruction, pas même notre vertu, nous mettent à l'abri des dangers d'une mauvaise lecture.

5me Echelon du devoir pour posséder la vraie vie ou le bonheur parfait :

La sainte Communion.

Qui nous dira les joies intimes et si réelles, que l'on trouve à la Table sainte, et que l'on goûte après une bonne communion! Avez-vous jamais compris le cœur de Jésus? Savez-vous pourquoi il fait ses délices d'habiter parmi nous en son Eucharistie? Je vais vous le dire.

Jésus-Christ est notre Dieu, et dès lors, il est infiniment bon et souverainement parfait. Voulez-vous pour Notre-Seigneur un nom plus tendre? Jésus-Christ est notre Père, et un père, qui n'a qu'un désir en son divin Sacrement, celui de nous faire tout le bien dont nous avons besoin. Aussi, pouvons-nous affirmer que l'Eucharistie, est le Paradis de la terre. Et en effet, n'avons-nous pas dans nos tabernacles, le même Jésus qui fait la joie des saints du Ciel? Et s'il est vrai, que la prière nous donne un peu de bonheur par les grâces qu'elle nous obtient, je vous assure que la sainte communion nous met en possession du parfait bonheur, en nous donnant Celui qui en est la source.

O vous donc qui avez faim et soif de jouissances, et qui ne trouvez nulle part de quoi apaiser votre faim et de quoi étancher votre soif, venez au Dieu de l'Eucharistie; il vous donnera le pain qui fortifie et le vin qui désaltère, et vous serez heureux.

Et quel est donc ce pain merveilleux et ce vin qui réjouit le cœur de l'homme?

Écoutez, chrétien; c'est Notre-Seigneur qui parle : ce pain, c'est mon corps, ce vin c'est mon sang.

Est-ce tout? pas encore, Jésus-Christ avec son corps et son sang, nous donne son cœur, son âme, sa divinité, c'est-à-dire tout ce qu'il est.

Et dans quel but? pour nous diviniser, pour faire de nous d'autres lui-mêmes. Oui, âmes chrétiennes, après la sainte communion. nous sommes des Dieux, d'autres Jésus-Christ. Quelle gloire!

Est-ce assez de bonheur? Oh! que nous serions heureux, si nous savions le comprendre et en profiter! Alors, pas un d'entre nous ne manquerait ses Pâques. Et nous demanderions à communier souvent.

O vous donc, qui avez déserté la Table Sainte depuis de longues années peut-être? revenez au Dieu de votre première communion, vous verrez comme il est bon, et comme il est doux de s'unir à Jésus-Christ.

Vous me direz peut-être? mais pour arriver à la Table Sainte, il faut passer par le confessionnal! C'est vrai. Et pourquoi avez-vous peur de la confession? C'est parce que vous ignorez la paix qu'elle nous laisse, après nous avoir débarassé du fardeau de nos péchés. Essayez et vous verrez que le Sacrement qui donne le plus de douceur à notre vie est celui de la pénitence.

DEUXIÈME PARTIE

LES ÉCHELONS D'HONNEUR

1er Echelon d'honneur offert aux hommes de conviction :

La Confrérie du Saint-Sacrement.

Je dois vous avertir ici, que les échelons que nous venons de monter, ne peuvent être sautés, sans exposer plus ou moins notre salut, ou notre bonheur éternel ; dès lors, il faut les gravir ; ceux qui suivent, sont des échelons d'honneur et d'agrément ; à la rigueur, on peut arriver au Ciel, sans les monter. Mais que de secours ils nous apportent, que de gloire et de joie ils nous procurent, si nous avons le courage de les gravir !

Le 1er de ces échelons, nous fait monter à la place d'honneur, auprès de la personne adorable de Jésus-Christ dans l'Eucharistie. De même que les rois de la terre, ont une Cour, composée des personnages les plus distingués, pour relever leur Majesté auguste, et honorer leur personne royale ; ainsi Notre-Seigneur, le Roi des Rois, pour glorifier son Eucharistie, aura sa Cour, choisie parmi les hommes les plus éminents d'une paroisse ; et cette Cour sera composée des confrères du Saint-Sacrement.

Pour entrer dans cette Confrérie, il faut vivre d'une

vie sérieusement chrétienne, et se sentir attiré vers Notre-Seigneur en son Eucharistie. Car le confrère du Saint-Sacrement, sera un homme de bon exemple, et regardera comme un devoir de venir de temps en temps visiter Jésus-Christ en son Sacrement d'amour.

Mais à l'avance, je vous avertis, chers confrères du Saint-Sacrement, que le Dieu de l'Eucharistie est infiniment généreux pour ses amis, et qu'Il donne sans compter à ceux qui savent comprendre les bontés de son cœur.

N'hésitons donc plus à faire partie d'une association qui fut autrefois si florissante en cette paroisse, et que nous voudrions ramener à sa première ferveur, pour la gloire de Jésus-Christ, et aussi pour le bien de vos âmes et pour l'honneur de Saint-Pierre.

Qu'il me soit permis de dire ici, l'origine de notre Confrérie, les divers devoirs des confrères du Saint-Sacrement et les faveurs auxquelles ils ont droit.

C'est en 1804, au sortir de la tourmente révolutionnaire de 1793, qu'une réunion de fidèles de divers états, fut formée dans la paroisse de Saint-Pierre de Lyon, sous le titre honorable de Confrérie du Très Saint-Sacrement. Quelques notables pères de famille et quelques pieux jeunes gens, que leur zèle ardent et éclairé pour la religion, rendait plus recommandables encore à leur pasteur, s'assemblèrent sous ses auspices, et rédigèrent d'après ses conseils un premier règlement, qui fut approuvé par le cardinal Fesch, archevêque de Lyon, le 30 mai 1806, et dès lors, mis à exécution pour la plus grande édification de la paroisse.

Depuis, ce premier règlement a subi diverses modifications, toutes motivées, par diverses circonstances et justifiées par les besoins de l'Association.

Comme le but de notre Confrérie est de rendre un culte particulier au Saint-Sacrement de l'autel, de contribuer par le bon exemple des Confrères à le faire honorer, et de donner plus de décence et de majesté aux cérémonies, dans lesquelles il est exposé à l'adoration des fidèles, chaque associé est invité à visiter Notre-Seigneur aux jours suivants :

1° Tous les troisièmes dimanches du mois.

2° Tous les premiers vendredis du mois.

3° Le dimanche de l'Epiphanie.

4° Le dimanche de la Quinquagésime, et les deux jours suivants, qui sont les jours des quarante-heures,

5° Le Jeudi-Saint.

6° Toute l'Octave de la Fête-Dieu.

7° La fête de Saint-Pierre.

8° La fête du Saint-Rosaire.

9° Toute l'octave des Morts.

10° La fête de la Dédicace.

11° La fête de l'Adoration perpétuelle.

Les Confrères du Saint-Sacrement sont priés de porter un flambeau toutes les fois qu'ils assistent à une bénédiction du Saint-Sacrement.

De plus les Confrères sont invités à assister :

1° Le troisième dimanche de chaque mois à la Messe du Prône et à Vêpres

2° Le jour de la Purification à la bénédiction et à la distribution solennelle des cierges.

3º Le dimanche des Rameaux à la bénédiction et à la distribution solennelle des rameaux avant la Grand'Messe, et à la réunion générale après la Grand'Messe.

4º Le Jeudi-Saint à la Grand'Messe pour accompagner avec un flambeau le Saint-Sacrement au reposoir.

5º Le dimanche de la Fête-Dieu et le quatrième dimanche de l'Avent à la réunion générale après la Grand' Messe.

6º Aux bénédictions solennelles de Noël, de Pâques, de la Pentecôte, de l'octave du Saint-Sacrement, de Saint Pierre, de l'Assomption, du Rosaire, de la Toussaint, de l'octave des Morts, de la Dédicace et de l'Adoration perpétuelle.

Chaque Associé est instamment prié de faire la sainte Communion tous les mois, ou au moins aux grandes fêtes de l'année.

Les fêtes de la Confrérie sont : celle de l'Epiphanie et celle du Saint-Sacrement. Ces deux jours, Communion générale à la Messe du prône.

Les Confrères regarderont comme un pieux devoir, d'assister aux funérailles de chaque Associé, au service célébré pour le repos de son âme, et au service général pour tous les Associés défunts.

On est prié de faire célébrer une Messe après la mort de chaque Confrère.

Chaque Associé paie dans l'année une rétribution de quinze francs pour les frais du culte. Si l'on trouve la cotisation trop élevée, on la donnera moindre mais de bon cœur.

2ᵐᵉ Echelon d'honneur offert aux personnes de foi et de cœur :

L'Adoration perpétuelle.

Au ciel les anges et les saints adorent continuellement Notre-Seigneur parce que le bonheur qu'ils en reçoivent est perpétuel.

Or que fait Jésus-Christ en son Eucharistie? Il intercède pour nous et le jour et la nuit; Il demande grâce et pardon à son Père en faveur des pécheurs; Il sollicite la persévérance des justes et leur affermissement dans la vertu; Il nous soutient dans nos luttes et nous protège contre nos ennemis; Il nous console dans nos peines et nous apprend à les sanctifier; Il bénit nos affaires temporelles et nous donne les succès qui font du bien.

Notre-Seigneur dans son tabernacle est donc sans cesse occupé de nous; son cœur est toujours ouvert pour nous offrir les grâces dont nous avons besoin, et sa main est toujours tendue pour les distribuer.

Dès lors, quoi de plus naturel et de plus juste, que de tourner sans cesse vers le tabernacle nos pensées et nos cœurs, pour offrir perpétuellement à Notre-Seigneur nos adorations, lui dire notre amour et notre reconnaissance, et lui demander ses faveurs.

Mais hélas! nos occupations de tous les jours, nous courbent vers la terre, remplissent notre esprit de mille soucis divers, nous enlèvent trop souvent la pensée du

Dieu de l'Eucharistie, et nous laissent peu de temps pour le visiter. Que faire, pour que Jésus-Christ ne soit point oublié, et ne reste pas seul dans son Eglise ? Nous entendre, nous associer, et prendre chacun un jour par semaine ou par mois, pour en passer au moins une partie aux pieds des autels, et là, lui ouvrir notre cœur, lui offrir nos prières, nos amendes honorables et lui demander ses bénédictions pour nous et pour toute la paroisse.

Tel est le but de l'Adoration perpétuelle. Cette œuvre qui est très ancienne à Saint-Pierre, s'adresse à tout le monde, je veux dire à tous ceux qui ont la foi vive et bon cœur. Dès lors, qui ne voudra en faire partie ! Pour qu'elle soit florissante, il importe que chaque Associé ne prenne que les engagements qu'il pourra tenir.

Les heures d'adoration commenceront à six heures du matin, et finiront à la fermeture de l'Eglise, c'est-à-dire à sept heures de la Toussaint à Pâques, et à huit heures de Pâques à la Toussaint.

L'Adoration sera de une heure dans la matinée, y compris la sainte Messe, et ne durera que demi-heure dans la soirée.

Chaque Associé est invité à choisir dans la semaine ou dans le mois, le moment de la matinée ou de la soirée qui lui conviendra. Il est à désirer que les personnes qui choisissent une heure de la matinée, prennent aussi, mais à un autre jour, une demi-heure de la soirée.

Si on prévoit qu'on sera empêché, il serait bon d'envoyer quelqu'un à sa place, en lui promettant de le remplacer quand son tour viendra.

Oh! estimons-nous heureux, chaque fois que nous pouvons passer quelques instants aux pieds du tabernacle! Et songeons alors, que nous sommes là, au nom de toute la paroisse pour adorer et remercier Notre-Seigneur, lui faire amende honorable et lui demander les grâces qui portent bonheur.

3me Echelon d'honneur à gravir pour arriver à la source de toutes les grâces :

L'Archiconfrérie du Sacré-Cœur de Jésus.

Chacun de nous désire d'être heureux. Mais le très grand nombre cherche le bonheur où il n'est pas ; de là d'amères déceptions. Voulez-vous n'être jamais déçus, et vivre contents ? Ayez une particulière dévotion au Cœur Sacré de Jésus.

En effet, pour être heureux, il faut que notre cœur soit satisfait.

Les jouissances du corps ne donnent qu'un bonheur de quelques minutes, et encore, souvent est-il troublé par le remords ? La science, il est vrai, peut bien nous procurer quelques satisfactions ; mais si le cœur ne jouit pas à son tour, nous serons bien vite las et dégoûtés.

Et pourquoi cette lassitude et ce dégoût au sein même des plaisirs et de la gloire, quand notre cœur n'y a point sa part ?

Le voici : c'est que nous ne sommes quelque chose de grand et de vraiment bon, que par le cœur, Et notre cœur pour vivre, a besoin d'affection, et d'une affection saine. Mais si nous voulons bonifier notre cœur et le perfectionner, et par là le rendre vraiment heureux, il faut lui donner une affection sainte, il faut l'unir à un autre cœur, plus grand, plus noble, plus généreux et plus dévoué, qui l'élèvera peu à peu à tout ce qui est bien, à tout ce qui est beau, et à tout ce qui est grand, et le fera monter jusque sur les sublimes hauteurs du dévouement et de la sainteté.

Où chercher et trouver ce cœur qui en s'unissant au nôtre, le transfigurera? Dans le tabernacle de nos autels. C'est là qu'habite Notre-Seigneur par amour pour nous.

La foi nous dit, et la foi ne saurait nous tromper, la foi nous affirme qu'il est là, uniquement pour nous faire du bien, pour s'unir à nous et nous changer en d'autres Lui-mêmes, et par là, nous diviniser et nous faire participer à tous ses biens et surtout à son bonheur.

Et pourtant Jésus-Christ n'est pas aimé, ou du moins il compte peu d'amis. Et si vous m'en demandez la raison, je vous répondrai, c'est parce que son amour n'est pas compris. Pour vous le faire connaître je vous parlerai de l'Archiconfrérie de Saint-Pierre; puis je vous dirai la nature de la dévotion au Sacré-Cœur avec ses avantages et les conditions pour y participer.

La Confrérie du Sacré-Cœur de Jésus fut établie en 1721, dans l'église paroissiale de Saint-Pierre de Lyon. Cette pieuse Association, la plus ancienne de notre ville, fut enrichie de plusieurs privilèges et indulgences par le pape Clément XII, en vertu d'une bulle datée du 12 mai 1739. Ainsi encouragée, la Confrérie du Sacré-Cœur devint très florissante dans notre paroisse, et il ne fallut rien moins que la tourmente révolutionnaire de 93, pour refroidir la ferveur des Associés. Et encore, cette ferveur ne fut refroidie que parce que les divers membres de l'Association ne pouvaient plus se réunir pour prier et aimer ensemble le Cœur de Jésus. Mais dès que des jours plus heureux se levèrent sur notre pays, et que le cardinal Caprara, par un rescrit du 9 août 1804, daté de Paris, eut rendu à notre Confrérie ses anciens privilèges, les amis du Sacré-Cœur se réunirent dans l'église de Saint-Pierre pour s'associer de nouveau, et faire une amende honorable solennelle au Sacré-Cœur de Jésus.

Depuis lors, cette dévotion laissée par nos pères comme un héritage sacré, et recueillie par nous avec une vive reconnaissance, a toujours fait les délices des âmes pieuses de Saint-Pierre, et a porté bonheur à notre paroisse. En effet, l'esprit de piété s'est conservé parmi nous, grâce au Cœur de Jésus, qui en est la source comme l'aliment. Et il faut bien ajouter aussi que Notre-Seigneur ne s'est pas montré avare d'encouragements. Par un bref du 29 janvier 1869, le Souverain Pontife Pie IX daignait accorder à notre Association, la marque d'honneur la plus insigne. Notre Confrérie du Sacré-Cœur était érigée en Archiconfrérie, et enrichie de tous les privilèges qui sont réservés à ce titre. Et pour la rendre encore plus recommandable à la piété des fidèles de Saint-Pierre, l'Eglise ouvrait en sa faveur le trésor des indulgences. Aussi, quand arriva le 2 avril de la même année, où la nouvelle Archiconfrérie était solennellement établie en notre église, de nombreux Associés tinrent à honneur d'avoir leurs noms inscrits sur le registre de l'Archiconfrérie. C'est ainsi que le Cœur de Jésus se préparait des cœurs fidèles pour les années désastreuses qui allaient suivre.

Le vent de l'impiété qui souffle aujourd'hui avec tant de fureur, commençait déjà à glacer les cœurs. Il fallait pour les réchauffer, le Cœur brûlant de notre divin Sauveur. Afin de répondre à ce besoin nouveau des âmes, l'Eglise, qui a des remèdes pour tous les maux, s'efforça par toutes les saintes industries du zèle, de développer la dévotion au Sacré-Cœur de Jésus. La paroisse de Saint-Pierre se rappela alors qu'elle était l'aînée de cette dévotion à Lyon. Désireuse de se montrer digne de porter ce titre, elle ne recula devant aucun sacrifice pour faire arriver au Cœur de Jésus l'expression de son amour et de sa reconnaissance. Il fallait orner la chapelle et l'autel du Sacré-Cœur : chacun se fit un plaisir d'y contribuer pour sa part. Un autel plus convenable devenait nécessaire; les offrandes affluèrent, riches et nombreuses. Le 2 juin 1874 l'autel attendu était élevé et consacré par Mgr Ginoulhiac, archevêque de Lyon. Et le 1er juin 1879 la statue du Sacré-Cœur qui devait couronner l'œuvre, s'élevait à son tour sur l'autel qui lui était dédié et était bénie par M. le curé de Saint-Pierrre.

Le Cœur de Jésus est là, chers Associés, pour nous bénir, nous aimer, et nous inviter à l'aimer, en nous répétant les paroles qu'il disait autrefois à Marguerite-Marie.

Ames fidèles.

En vous manifestant mon Cœur, j'ai accompli dans ces derniers temps un dernier effort de mon amour, vous proposant un objet et un moyen si propres pour vous engager à m'aimer et à m'aimer solidement. Rappelez-

vous que partout où cette image de mon Cœur sera
posée pour y être singulièrement honorée, elle attirera
toutes sortes de bénédictions : je l'ai promis. Pour re-
tirer les hommes de l'abîme de perdition, tous les traits
en ont été tracés par Moi, et ils doivent toucher les
cœurs les plus insensibles. Tout regard sur la figure de
ce Cœur de chair vous rappellera mon amour, dont il
est le siège. Les rayons de feu qui l'environnent,
signifient la douce lumière et l'amour ardent qu'il ré-
pand de toute part. La croix qui y est plantée, rappelle
que dès les premiers instants de mon Incarnation, mon
Cœur fut son piédestal, et que le premier acte de ce
divin Cœur, fut d'embrasser éminemment en faveur de
tous les pécheurs sans exception, toutes les douleurs,
toutes les humiliations de ma vie mortelle, et tous les
opprobres auxquels je me dévouai jusqu'à la fin des
siècles, dans le Très Saint-Sacrement. Les flammes qui
en jaillissent, représentent le foyer d'amour qu'il contient et qui en déborde. La plaie qui lui est faite, révèle
l'amertume profonde que lui cause l'ingratitude des
pécheurs sans nombre, et surtout la perte de leurs âmes
malgré le désir que j'ai de les sauver; mieux encore,
elle vous dit que mon Cœur transpercé, est sans cesse
ouvert pour les recevoir tous, et Vous spécialement.
Enfin la couronne d'épines dont il est étreint, vous dit
encore qu'il ne cesse d'être blessé de toute part, en la
divine Eucharistie, par l'indifférence des uns et l'impiété
des autres, plus encore par le refroidissement des cœurs
qui me sont consacrés. Cependant c'est d'eux surtout
que j'attends cette affectueuse compassion et ce zèle

courageux qui adouciront les amertumes de mon Cœur.

Le premier vendredi de chaque mois, et chaque vendredi de juin, et le jour des solennités du Sacré-Cœur, relisez et méditez ces divines instructions qui contiennent l'objet de votre dévotion, son but, le moyen de l'atteindre et les promesses du Cœur de Jésus à ceux qui lui sont dévoués.

L'objet de votre dévotion c'est le Cœur de chair du Sauveur Jésus, et son amour immense qui s'en échappe en traits de flamme pour embraser nos cœurs de ses divines ardeurs.

Cependant le Cœur de Jésus qui nous aime infiniment jusqu'à s'épuiser pour nous, n'est pas aimé, que dis-je? il est outragé et abreuvé d'amertume à cause de nos ingratitudes. Le but de notre dévotion, est d'honorer le Cœur si dévoué de Jésus par le don généreux de notre propre cœur, et de le dédommager de la froideur et de l'ingratitude du monde, par la ferveur de notre piété et l'héroïsme de notre vie.

Le moyen d'atteindre ce but est encore indiqué par Notre-Seigneur, c'est de regarder l'Image du Sacré-Cœur de Jésus, ornée des insignes de la Passion, tels que la main du divin artiste les a tracés.

A ceux qui honoreront ainsi son Cœur, Jésus-Christ a fait des promesses magnifiques. Implicitement contenues dans les paroles citées plus haut, les voici, telles qu'elles furent révélées à Marguerite-Marie.

Je leur donnerai toutes les grâces nécessaires dans leur état.

Je mettrai la paix dans leurs familles.

Je les consolerai dans toutes leurs peines

Je serai leur refuge assuré pendant la vie et surtout à la mort.

Je répandrai d'abondantes bénédictions sur toutes leurs entreprises.

Les pécheurs trouveront dans mon Cœur la source et l'océan infini de la miséricorde.

Les âmes tièdes deviendront ferventes.

Les âmes ferventes s'élèveront rapidement à une grande perfection.

Je bénirai les maisons où l'image de mon Sacré-Cœur sera exposée et honorée.

Je donnerai aux prêtres le talent de toucher les cœurs les plus endurcis.

Les personnes qui propageront cette dévotion auront leur nom inscrit dans mon Cœur, et il n'en sera jamais effacé.

Pour encourager la dévotion au Sacré-Cœur, l'Eglise a ajouté ses faveurs aux promesses du divin Maître.

Outre les promesses faites par Notre-Seigneur et les indulgences accordées par l'Eglise, une grâce bien précieuse est assurée aux Associés de l'Archiconfrérie.

Le saint Sacrifice de la Messe est offert pour les Associés vivants et morts : le premier vendredi de chaque mois, aux quatre solennités de l'Archiconfrérie, le jour de la fête du Sacré-Cœur de Jésus, et tous les vendredis de juin.

Voici les conditions pour participer aux faveurs de l'Archiconfrérie :

1º Être inscrit sur le registre de l'Archiconfrérie. — 2º Réciter tous les jours *Pater, Ave, Credo*, avec l'invocation : *O doux Cœur de Jésus, faites que je vous aime toujours plus;* on peut appliquer à cette intention et une fois pour toutes, le *Pater*, l'*Ave* et le *Credo* de la prière du matin ou du soir. — 3º Les jours d'indulgence, visiter ordinairement l'Eglise où est établie l'Archiconfrérie; si quelque raison s'y oppose, remplacer la visite par une œuvre pieuse enjointe par le confesseur. — 4º Si l'indulgence est plénière, confession, communion et prière aux intentions du Souverain Pontife; cinq *Pater* et cinq *Ave* suffisent pour la prière.

Cœur Sacré de Jésus, ayez pitié de nous, et bénissez la paroisse de Saint-Pierre qui vous est consacrée.

4me Echelon d'honneur à monter pour réjouir le Cœur de Jésus :

La Confrérie de la Garde d'honneur.

Les rois de ce monde ont une Cour pour relever leur dignité, et aussi une Garde d'honneur pour protéger leur personne royale et les recommander à leur peuple. Quoi d'étonnant, que le roi du Ciel et de la terre ait lui aussi sa Garde d'honneur. Notre-Seigneur l'a demandée le 1er mars 1863 à une humble religieuse de la Visitation de Bourg, et l'a obtenue ; et des milliers de vaillants chrétiens ont répondu à son appel, afin d'entourer Jésus-Hostie et de former autour de son Cœur une couronne de gloire.

Pie IX et Léon XIII se sont faits inscrire parmi les gardes d'honneur, afin de témoigner par là, combien cette dévotion doit nous être chère.

La paroisse de Saint-Pierre si dévouée au Sacré-Cœur, était heureuse de trouver une nouvelle forme approuvée par l'Eglise, pour honorer Notre-Seigneur dans l'amour infini de son divin Cœur. C'est pourquoi en 1890 le 4 juillet, la Garde d'honneur était solennellement établie dans notre église.

Le but de cette pieuse Association est de réunir chaque jour et à toutes les heures du jour, autour du divin Maître, des cœurs fidèles et dévoués, qui le dédommagent par leurs adorations et leur amour, de l'oubli et des outrages que son Cœur adorable reçoit si souvent, en retour de ses bienfaits. Pour atteindre ce but, les Associés choisissent une heure de la journée, dite Heure de Garde, qui est marquée à leur nom sur un cadran horaire. Pendant cette heure, sans rien changer à leurs occupations habituelles, ils tâchent de penser plus souvent à Notre-Seigneur, en lui consacrant d'une manière spéciale, leurs pensées, leurs paroles, leurs actions, leurs peines et surtout leur amour.

Un exercice public réunit une fois le mois les Gardes d'honneur, et autant que possible ils font ensemble une communion réparatrice le premier vendredi ou le premier dimanche du mois, et le soir après le Salut, on distribue les feuilles appelées *Billets Zélateurs*. Quand les Associés ne peuvent assister à cette distribution, les billets peuvent leur être remis par les zélateurs ou par les zélatrices.

Pour encourager ceux qui font partie de cette pieuse Association, les Souverains Pontifes l'ont enrichie de toutes les indulgences de l'Archiconfrérie du Sacré-Cœur, moins pourtant les indulgences attachées aux fêtes de Saint Pothin et de Saint Irénée et les indulgences des quatre solennités spéciales à Saint-Pierre.

Ceux qui sont fidèles à faire leur heure de garde, gagnent une indulgence de sept ans et de sept quarantaines chaque fois, et une indulgence plénière tous les mois.

Pour faire partie de la Garde d'honneur il faut: 1° être enrôlé par un Directeur ou par un Zélateur muni d'un diplôme; 2° être inscrit sur un cadran de l'Œuvre et sur le registre d'une Confrérie canoniquement agrégée;

3° être fidèle à son heure de garde tous les jours, et la reprendre dès qu'on se souvient de l'avoir oubliée.

Mais de plus, parce que les Gardes d'honneur ont bon cœur, ils acceptent avec plaisir la mission tout à fait honorable, de travailler avec Jésus et Marie à la conversion des pécheurs qu'ils connaissent, surtout au moment de la mort, par tous les moyens en leur pouvoir.

A cet effet :

1° Ils offrent une fois pour toutes, leurs prières du matin et du soir.

2° Chaque matin, on adressera à Notre-Seigneur la supplique suivante : O Cœur sacré de mon Jésus, j'ose vous demander, quelque indigne que j'en sois, une faveur précieuse par-dessus toutes, celle qu'aucun des pécheurs que je connais, ne meure en votre disgrâce. Et on ajoutera : Cœur Immaculé de Marie, priez pour nous. Saint Joseph patron de la bonne mort, priez pour nous.

3° Faire l'impossible pour amener le prêtre au chevet des malades, surtout s'ils sont pécheurs.

4° Prière aux Gardes d'honneur de ne jamais rester en état de péché, et d'offrir à Dieu pour le salut des âmes, les peines de la vie.

Si les Gardes d'honneur de Saint-Pierre sont fidèles à leur règlement, il nous est permis d'espérer, que personne en notre paroisse ne mourra dans l'inimitié de Dieu.

Quelle gloire pour Dieu, et quelle consolation pour nous!

5me Echelon d'honneur à gravir pour réparer la gloire de Dieu, et nous mettre à l'abri de sa justice :

La Confrérie de la Sainte-Face.

Pour vivre heureux, il faut que la Providence de Dieu veille sur nous aujourd'hui, demain et toujours, afin de nous donner à toutes les heures de notre vie, ce qui fait du bien, et d'écarter tout ce qui pourrait nous faire du mal.

Or, la dévotion à la Sainte-Face de Notre-Seigneur nous assure la protection de Dieu, pendant les jours de notre pèlerinage sur cette terre.

En effet, les actes qui composent cette dévotion, et qui sont des actes de foi et d'amour envers Notre-Seigneur, et de réparation pour les outrages qui lui sont faits, et de pénitence pour la conversion des impies, attirent sur nous et sur nos familles les bénédictions de Dieu, et nous protègent contre les traits de la justice divine, irritée par tant de blasphèmes.

Aimons donc le culte de la Sainte-Face, puisque nous y trouvons une garantie de bonheur. Que cette dévotion nous soit chère, surtout parce que son but principal est d'entourer d'honneur, de respect et d'amour la face adorable de Notre-Seigneur, défigurée dans la Passion par les mauvais traitements des bourreaux, et encore aujourd'hui, par les blasphèmes des impies. Mais que ferons-nous, pour rendre à notre Sauveur les

hommages qui lui sont dûs ? Des actes de réparation.
C'est Jésus-Christ Lui-même qui les a demandés.

Voici ses paroles : Apparaissant à une humble Carmé-
lite de Tours, l'an 1839, Notre-Seigneur disait à sœur
Marie de Saint-Pierre :

Ma fille, la terre est couverte de crimes ; l'infraction
des trois premiers commandements de Dieu a irrité
mon Père ; les péchés sont montés jusqu'au trône de
Dieu, et en aucun temps les crimes n'ont monté si
haut... Une autre fois, il se plaignait des attentats des
sociétés secrètes ; ils m'ont arraché de mes tabernacles
ils profanent mes sanctuaires... Mon divin Père et mon
Epouse la Sainte Eglise, l'objet des délices de mon cœur,
sont méprisés, outragés par mes ennemis... Les Juifs
m'ont crucifié le vendredi, mais les chrétiens me cruci-
fient le dimanche en profanant ce saint jour....Mon nom
est partout blasphémé, même par les enfants. Et Notre-
Seigneur ajoutait : comme ce péché de blasphème
s'étend par toute la France et qu'il est public, il faut
aussi que la réparation soit publique et s'étende à
toutes les villes. Malheur à celles qui ne feront pas
cette réparation !

Mais que vient faire pour cette œuvre réparatrice, la
dévotion à la Face adorable de Jésus-Christ ? Le voici :
Avez-vous examiné ce qui se passe sur les traits d'un
homme d'honneur, lorsqu'il se trouve en présence d'une
bande d'ennemis qui l'accablent d'injures et d'opprobres ? Ne dirait-on pas que toutes ces paroles outra-
geantes viennent tomber sur sa face ? On voit cette figure
se couvrir de rougeur, de honte et de confusion.

L'ignominie frappe ainsi cet homme d'honneur en plein visage. Ainsi en est-il de Notre-Seigneur. Les impies qui blasphèment son nom et outragent son Eglise et ses prêtres, renouvellent en quelque sorte toutes les ignominies infligées à sa Face, au temps de la Passion. Les blasphèmes qu'ils lancent contre la divinité sans pouvoir l'atteindre, retombent comme les crachats des Juifs sur la Face de Jésus-Christ.

Aussi le divin Maître, disait un jour à sa fidèle servante, sœur Marie de Saint-Pierre : je veux des Véroniques pour essuyer et honorer ma divine Face, (et c'est en France surtout qu'il les cherche); car la face de la France est devenue hideuse aux yeux de mon Père ; elle provoque sa justice. Offrez-lui donc la Face de son Fils, en qui il met toutes ses complaisances, pour attirer sur cette France coupable, sa miséricorde. Voyez quelle preuve de ma bonté pour votre pays. Priez pour la France, immolez-vous pour elle.

Notre-Seigneur nous adresse à tous la même invitation. La paroisse de Saint-Pierre a répondu avec empressement à cet appel du Sacré-Cœur, et la Confrérie de la Sainte-Face a été canoniquement érigée en notre église, le 8 avril 1887; c'était le Vendredi-Saint.

Pour être Associé, il faut :

1° Se faire inscrire sur le registre de l'Association.

2° Porter sur soi une petite effigie de la Sainte-Face, afin de nous exciter en la regardant à des actes de foi, d'adoration, d'amour, d'amende honorable.

3° Sanctifier le Saint Jour du dimanche par les actes

de piété que nous savons être les plus agréables à Notre-Seigneur.

4° Prier beaucoup et faire pénitence pour la conversion des pécheurs, surtout des blasphémateurs.

5° Assister régulièrement aux réunions de l'Association.

6° Propager selon notre pouvoir la dévotion à la Sainte-Face.

7° Réciter chaque jour aux intentions de la Confrérie, *Pater, Ave, Gloria,* avec cette invocation : « Seigneur, montrez votre face et nous serons sauvés. »

Pour nous encourager à aimer de tout notre cœur la Sainte-Face de Jésus-Christ, voici les promesses qui ont été faites.

Sainte Mechtilde demandait un jour à Notre-Seigneur, que tous ceux qui célèbrent la mémoire de sa Sainte-Face ne soient jamais privés de son aimable compagnie, il lui répondit : pas un d'eux ne sera séparé de moi.

Le 27 octobre 1845, Jésus-Christ disait à sœur Marie de Saint-Pierre : Par ma Sainte Face vous ferez des prodiges.

Et le 29 octobre de la même année : De même que dans un royaume on peut se procurer ce que l'on désire avec une pièce de monnaie marquée à l'effigie du prince, ainsi avec la pièce précieuse de ma sainte humanité qui est ma face adorable, vous obtiendrez dans le royaume des cieux tout ce que vous voudrez.

Et le 3 novembre 1845 : Selon le soin que vous aurez de réparer mon portrait défiguré par les blasphémateurs, de même, j'aurai soin du vôtre qui a été défiguré par le péché; j'y réimprimerai mon image, ma divine ressemblance, comme au jour de votre baptême.

. Et le 12 mars 1846 : Tous ceux qui défendront ma cause en cette œuvre de réparation, par paroles, par prières ou par écrits, je défendrai la leur devant mon Père ; à leur mort, j'essuierai la face de leur âme en effaçant les taches du péché.

Et le 22 novembre 1846 : Vous obtiendrez par ma sainte Face le salut de beaucoup de pécheurs. Par cette offrande rien ne vous sera refusé. Si vous saviez combien la vue de ma Face est agréable à mon Père! ·

· La Confrérie de la Sainte-Face a été établie à Tours par Mgr Meignan, le 25 octobre 1884 et érigée en Archiconfrérie par Léon XIII, le 1er octobre 1885; elle est enrichie de nombreuses indulgences, et Notre-Seigneur se plaît à la bénir par des faveurs bien particulières. C'est ainsi que l'huile qui brûle jour et nuit devant l'image de la Sainte-Face, opère des prodiges. Que de malades après avoir fait des onctions avec cette huile, ont été guéris ou soulagés!

Aimons à réciter la prière de M. Dupont en l'honneur de la Sainte-Face.

O Sauveur Jésus! à la vue de votre très sainte Face défigurée par la douleur, à la vue de votre Sacré-Cœur si plein d'amour, je m'écrie avec Saint Augustin : Seigneur Jésus, imprimez dans mon cœur vos plaies sacrées, pour que j'y lise en même temps votre douleur et votre amour; votre douleur, afin de souffrir pour vous toute douleur; votre amour, afin de mépriser pour vous tout autre amour.

6me Echelon d'honneur à gravir pour arriver au Cœur de Marie :

La Confrérie du Saint-Rosaire.

Qui nous racontera les gloires du Saint-Rosaire, et les joies dont il est la source! En effet, par le Saint-Rosaire, tous les biens nous arrivent du Ciel. Grâces pour le corps, grâces pour l'âme, le Saint-Rosaire nous obtient tout de Dieu par Marie. Que de bénédictions sont descendues sur les familles, sur les cités et sur les peuples ayant dévotion au Saint-Rosaire! Ne peut-on pas dire en toute vérité, que le Saint-Rosaire apporté du Ciel par la Sainte-Vierge elle-même, et révélé à Saint Dominique au XIIIe siècle, est vraiment la porte du paradis, une clef mystérieuse qui nous ouvre tous les trésors de Dieu, de la Sainte-Vierge et de l'Église ?

En effet, depuis que le Saint-Rosaire a été établi, tous les siècles et tous les lieux de l'univers catholique ont été témoins des prodiges les plus étonnants, opérés par Marie en faveur du chapelet. Et s'il fallait écrire tous ces faits miraculeux, disait un jour la Sainte-Vierge au bienheureux Alain de la Roche, on en ferait un nombre considérable de volumes.

Et il n'est pas besoin d'aller chercher au loin des prodiges, pour affirmer la puissance du Saint-Rosaire. Qui de nous ne se souvient des années 1870 et 1871! Les Prussiens étaient en marche sur Lyon et on n'avait pas d'armée pour les arrêter; en même temps, la guerre civile devait ensanglanter notre ville. Et pourtant, les Prussiens ne sont pas venus, et la guerre civile n'a pas éclaté! Pourquoi? C'est parce qu'alors on récitait le Saint-Rosaire dans toutes les églises de Lyon.

Qui de nous ne sait, que Lourdes est devenu le pays des miracles! Or, que fait-on à Lourdes toute la journée et une partie des nuits? On récite le Saint-Rosaire, et les malades sont guéris; les muets parlent, les aveugles voient, les paralytiques marchent, et les pécheurs se convertissent.

O Saint-Rosaire comment ne pas t'aimer! Oh! oui, nous voulons te réciter tous les jours, du moins en partie.

La Sainte Eglise pour nous encourager à cette dévotion, lui a ouvert le trésor de ses indulgences : Elle en possède un nombre incalculable.

Ainsi, chaque fois qu'on récite un chapelet ou la troisième partie du Rosaire, on peut gagner au moins cent-vingt mille ans d'indulgences et autant de quarantaines.

Si on récite le Rosaire tout entier, on gagne au moins trois cent soixante mille ans d'indulgences et autant de quarantaines; de plus une indulgence plénière; et d'autres indulgences plénières à tous les premiers dimanches du mois et à la plupart des fêtes de l'année.

Le simple port du chapelet sur soi pour honorer la Sainte-Vierge, nous obtient une fois par jour cent ans d'indulgence et cent quarantaines.

Après de tels avantages, qui ne voudrait réciter le

Saint-Rosaire ! Voyons la manière de le dire et les conditions pour avoir part à ses faveurs.

Le Rosaire consiste à réciter en l'honneur de la Très
Sainte-Vierge, cent cinquante-trois fois la salutation angélique, distribuée en quinze dizaines, dont chacune est
précédée d'une oraison dominicale, et accompagnée de
la méditation de l'un des principaux mystères de Notre-
Seigneur, et terminée par le *Gloria Patri*. — La prière
vocale est le corps de cette pratique ; la méditation des
mystères est comme son âme. — Le Rosaire se divise
en trois parties dont chacune renferme cinq mystères.
Chaque partie forme un chapelet. — La première partie
contient les mystères joyeux : 1° L'Annonciation ; 2° La
Visitation ; 3° La Naissance de Notre-Seigneur ; 4° Sa Pré-
sentation au Temple ; 5° Son recouvrement au Temple.
La seconde partie se compose des mystères douloureux,
savoir: 1° L'Agonie de Notre-Seigneur ; 2° Sa Flagellation ;
3° Son Couronnement d'épines ; 4° Le Portement de
croix ; 5° Le Crucifiement. — La troisième partie renferme
les mystères glorieux : 1° La Résurrection de Notre-Seigneur ; 2° Son Ascension ; 3° La Pentecôte ; 4° L'Assomption de la Sainte-Vierge ; 5° Son Couronnement dans le
Ciel.

CONDITIONS POUR PARTICIPER AUX FAVEURS DU SAINT-ROSAIRE.

1° Se faire inscrire sur le registre de la Confrérie.
2° Avoir un chapelet rosarié et non pas seulement
brigitté. Le chapelet brigitté n'a que cent jours d'indulgence pour chaque grain.

3º Réciter le Rosaire entier au moins une fois par semaine, soit deux dizaines de chapelet pendant six jours, et le septième jour en dire trois dizaines. On conseille cependant de dire un chapelet entier à la fois ; c'est même exigé pour gagner certaines indulgences du Rosaire.

4º Unir à la récitation des dizaines la méditation des mystères correspondants. Cette méditation sera suffisante, si le mystère est présent à l'esprit, comme un tableau pieux, durant la récitation vocale, et si le cœur y est doucement attaché. D'après une réponse de la Congrégation des indulgences du 28 janvier 1842, le simple énoncé du mystère par une formule quelconque, si courte soit-elle, peut servir de méditation.

Nous sommes heureux d'affirmer que notre Confrérie du Saint-Rosaire, l'une des premières établies en la ville de Lyon a toujours été très florissante en notre paroisse, pour la gloire de Dieu, l'honneur de Marie et pour le plus grand bien des âmes.

QUELQUES MOTS SUR LE ROSAIRE-VIVANT.

L'Association du Rosaire-vivant est formée par des groupes de quinze personnes, réunies sous la direction de l'une d'entre elles, qui porte le nom de Zélateur ou de Zélatrice. Au commencement du mois, les quinze associés s'étant assemblés, tirent au sort les quinze mystères du Rosaire. Chacun d'eux dit ensuite, en particulier et chaque jour du mois, un *Pater*, dix *Ave*, un *Gloria*, en méditant sur celui des quinze mystères qui lui est échu. Au commencement du mois suivant, on fait par les soins du Zélateur ou de la Zélatrice, un nouveau tirage au sort, qui donne une nouvelle distribution des quinze mystères, e

ainsi de suite de mois en mois; chaque membre con-
tinuant à réciter chaque jour un *Pater*, dix *Ave*, un *Gloria*,
en méditant sur le mystère qu'il a tiré.

Si le tirage des Mystères ne peut se faire au commencement du mois, il suffit qu'il ait lieu dans la première
moitié du mois. (Décision de Rome, 1839).

Si tous les quinze membres ne sont point présents au
tirage, il se fera par la Zélatrice ou le Zélateur en présence
de deux membres au moins. Le Zélateur se charge alors de
faire connaître, sans délai, à tous les absents, le mystère
que le sort leur a donné. (Décision de Rome, 8 novembre 1835).

LE ROSAIRE-VIVANT a pris naissance à Lyon, en 1826,
grâce à Mlle Pauline-Marie Jaricot, de pieuse mémoire, à qui
l'Église doit aussi, les premiers essais de la grande association, si connue aujourd'hui, sous le nom de Propagation de la Foi. Le Rosaire-Vivant, comptant déjà un
bon nombre d'associés, fut ensuite approuvé le 27 janvier 1832, par un bref du pape Grégoire XVI, qui le loua,
le recommanda et l'enrichit d'indulgences.

Il nous semble utile d'indiquer ici le but du ROSAIRE-
VIVANT ;

1º Procurer aux fidèles dont l'isolement paralyse la
bonne volonté, le moyen de s'unir pour faire le bien,
et de se réunir pour s'entendre sur la manière oppor-
tune de l'opérer ; 2º remédier à la diffusion des mauvais livres par la propagation des bonnes lectures et
des objets de piété ; 3º opposer le rempart d'une charité et d'une prière universelles à la haine et aux blasphèmes, hélas ! universels aussi.

7me Echelon d'honneur pour préparer les enfants au bonheur de la première Communion :

La Congrégation des Enfants adorateurs.

Le plus beau jour de notre vie, est celui de notre première Communion, parce qu'il nous apporte la plus douce des émotions, celle de sentir, que nous sommes grands comme Dieu, j'allais dire, heureux comme Lui, puisque nous sommes unis à Jésus-Christ, source de toute félicité et Roi de gloire.

Mais pour que la première Communion nous mette en possession d'un tel bonheur, il faut qu'elle soit préparée avec un soin religieux. Dès l'âge le plus tendre, les enfants doivent être initiés à la piété, par des moyens très simples, je veux dire éminemment pratiques.

Or parmi ces moyens, le plus excellent de tous, est celui qui leur fait comprendre et aimer la divine Eucharistie.

Tel est précisément le but de l'Adoration de l'enfance : grouper les enfants autour du trône Eucharistique, les associer dès qu'ils sont en état de comprendre le Dieu de nos tabernacles, tourner alors leur esprit et leur cœur vers ce divin ami, et dans un langage familier et grave tout à la fois, leur expliquer l'amour de Jésus-Hostie pour nous, puis les inviter à l'adorer pour le remercier, et les préparer ainsi à une fervente première Communion. Voilà ce que se propose notre œuvre des Enfants adorateurs.

Est-ce un rêve pieux, que de songer à convertir des enfants légers en anges recueillis ? Oui, c'est un rêve, mais qui peut devenir une réalité, à une condition pourtant, c'est que les soins donnés à ces enfants seront très sérieux et tout à fait à leur portée.

1º Les réunir souvent, une fois par semaine au moins, les petits garçons un jour et les petites filles un autre jour.

2º Durant la réunion, converser avec eux très simplement, leur parler de Jésus-Christ, de ses bontés pour nous en l'Eucharistie, leur expliquer les prières liturgiques, les hymnes et motets au Saint-Sacrement, leur apprendre à suivre la Sainte Messe, à adorer Notre-Seigneur, et à lui offrir, durant le jour, leurs petits travaux et leurs peines...

3º Quand ils sont réunis à l'église avec les autres enfants, leur donner les places d'honneur avec un ruban et un insigne, pour les encourager à se tenir devant Notre-Seigneur, comme les anges du sanctuaire.

4º Ils auront leurs jours et leurs heures d'adoration, comme aussi des jours de fête.

5º Ne choisir que des enfants portés à la piété, parce qu'ils ont bon cœur; exiger qu'ils donnent partout le bon exemple, et les renvoyer de la Congrégation, dès qu'ils peuvent être un sujet de scandale.

6º Avant de les admettre dans la Congrégation, les faire passer par un noviciat de six mois au moins.

7º Ne pas les prendre avant sept ans. Toutefois les

enfants bien doués, peuvent être aspirants et postulants à partir de quatre ou cinq ans,

Du fond de son Tabernacle, entendons Notre-Seigneur nous dire : Laissez venir à moi les petits enfants.

Oui, Seigneur, nous vous les amènerons, pour vous consoler et pour les préparer à bien vous recevoir au jour béni de leur première Communion.

8me Echelon d'honneur pour procurer aux enfants le don de la persévérance et rendre durables les joies de la première Communion :

La Congrégation de l'Ange Gardien.

Mon enfant,

Vous voulez, n'est-il pas vrai? que les joies de votre première Communion durent toute votre vie, jusqu'au jour où elles seront échangées contre les joies du Ciel. Mettez-vous de suite à l'école et sous la protection d'un ami qui vous soit dévoué et qui puisse vous défendre.

Mais où trouver cet ami puissant et dévoué? tout près de vous : C'est votre Ange Gardien. Le bon Dieu vous l'a donné au jour de votre naissance, et depuis lors, il n'a cessé de vous accompagner partout, de veiller sur vous, de prendre vos intérêts et de vous fournir tous les secours nécessaires et utiles.

Aujourd'hui, que vous possédez un trésor de grand prix, puisque Jésus-Christ est à vous, vous devenez un objet de haine et d'envie au démon, qui est jaloux de votre bonheur, et qui mettra tout en œuvre pour le détruire.

Il est donc nécessaire de prendre des précautions, et de vous tenir sous les armes pour lutter et vaincre vos ennemis.

Le premier ennemi que le démon vous enverra pour essayer de vous perdre, ce sera un mauvais camarade, une mauvaise compagne, peut-être plusieurs qui se moqueront de vous et se riront de votre piété. Afin de triompher des mauvaises compagnies et du respect humain, vous formerez une Association avec d'autres camarades ou d'autres compagnes, qui veulent rester sages comme vous. Vous vous soutiendrez les uns les autres par de bons exemples et de sages conseils.

Un autre ennemi que le démon mettra sur votre route, c'est le mauvais journal, le mauvais livre. Voilà le fruit défendu et vous mourrez si vous y touchez. Vous combattrez ce second ennemi par de pieuses lectures.

Le troisième ennemi dont se servira le démon pour vous entraîner au mal, c'est vous-même, ce sont vos défauts. Si vous avez l'imprudence de les écouter ils vous perdront et vous serez malheureux. Mais si vous les combattez, vous aurez la guerre avec vous-même, c'est vrai, mais la paix suivra si vous tenez bon et ferme.

Et que faire pour tenir tête à la fois à tous vos ennemis ? Le voici :

1° Aimer la prière, et alors être fidèle à vos prières du matin et du soir, élever de temps en temps votre cœur durant le jour, pour offrir à Dieu votre travail et vos peines, et invoquer le secours de votre bon Ange et de la Sainte-Vierge, toutes les fois que vous êtes tenté. La prière est une arme qui nous assure toujours la victoire.

Un deuxième moyen de résistance, c'est de sanctifier le dimanche par la cessation de tout travail et par l'assistance pieuse à la Messe de Congrégation et à Vêpres,

Un troisième moyen c'est la fréquentation des Sacrements au moins tous les mois; je dis au moins tous les mois, parce qu'il peut être nécessaire de vous confesser et de communier plus souvent; à votre confesseur de vous le dire :

Mais sachez-le bien dès aujourd'hui, et ne l'oubliez jamais : quiconque se confesse et communie souvent et bien, est sûr de se sauver, et à mesure que les confessions et les communions deviennent plus fréquentes et plus ferventes, on monte plus haut vers Dieu, et dès lors on est plus heureux.

Un quatrième moyen de persévérance qui est excellent, c'est l'assiduité aux réunions de la Congrégation, qui auront lieu toutes les semaines.

Là on se verra, on s'encouragera, et on rendra compte à M. le Directeur de ce que l'on aura fait dans la semaine. Pour que ce rendement de compte soit fait avec intelligence, chaque Associé aura un questionnaire qu'il devra remplir dans la semaine, et qu'il apportera le dimanche suivant à la réunion. Tous les mois il y aura une réunion solennelle ; chacun sera interrogé sur les progrès de l'œuvre, et dira simplement ce qu'il aura fait pour la Congrégation.

On est invité à ajouter à sa prière du matin et du soir, la prière à l'Ange Gardien :

Ange de Dieu, que sa divine miséricorde a commis à ma garde, éclairez-moi de vos lumières, réglez mes actions, et défendez-moi contre mes ennemis. Ainsi soit-il!

9ᵐᵉ Echelon d'honneur offert à la jeune fille, pour la protéger contre les dangers du monde :

La Congrégation des Enfants de Marie.

Mon enfant,

Vous êtes comme une fleur délicate, qui ne peut rester belle qu'à la condition de conserver toute sa fraîcheur. D'où il suit que vous ne serez vraiment digne d'honneur et honorée, que si vous avez soin de votre réputation et de garder intact le trésor de votre innocence. Mais pour défendre ce bien précieux, contre mille ennemis qui veulent vous le ravir, et contre mille dangers semés sous vos pas, que fera la jeune fille prudente?

Elle prendra les précautions les plus raisonnables et les plus délicates.

Son premier soin sera de chercher du secours pour son cœur qui a besoin d'affection, et qui est si faible et si inconstant. Mais où trouver ce secours? Sur la sainte colline de Fourvière. La très Sainte-Vierge avec son cœur de Mère et sa puissance de supplication, voilà ce qu'il faut à la jeune fille de quinze et de vingt ans.

Vous avez donc raison, mon enfant, de choisir Marie pour votre patronne et votre mère.

Ce n'est pas assez. Il faut encore chercher autour de vous d'autres jeunes filles qui pensent comme vous, et qui sont faibles elles aussi; il s'agit de vous associer avec elles, pour être plus fortes et plus courageuses et de grouper ainsi sous la bannière de la Sainte-Vierge, toutes les jeunes filles pieuses de la paroisse, et d'en former comme un corps d'élite, pour l'honneur de Saint-Pierre et la gloire de Jésus et de Marie, mais aussi pour le plus grand bien de vos âmes.

Voilà la Congrégation des Enfants de Marie :

Pour en faire partie, il faut avoir 14 ans; à cet âge on peut être Aspirante ; six mois après, on est reçu Approbaniste, et enfin Congréganiste au bout d'un an, à partir du jour de son entrée dans la Congrégation.

Pendant le noviciat, une Enfant de Marie sera fidèle aux pratiques suivantes, pour se rendre digne de sa vocation.

1° Elle aura un règlement de vie qui détermine l'heure du lever et du coucher, ainsi que les heures de travail, suivant la volonté des parents, dans laquelle on saura voir celle de Dieu.

2° Elle fera une lecture de piété le matin ou le soir, mais de préférence le matin; ne jamais l'omettre sans un sérieux motif.

3° Elle récitera chaque jour trois dizaines de chapelet, la première pour ses parents, la deuxième pour la Congrégation et la troisième pour soi.

4° Elle aura le bonheur de s'approcher des Sacrements au moins une fois par mois.

5° Elle aura soin d'assister aux réunions de la Congrégation, ne les manquer que pour une bonne raison.

6° Elle tiendra à honneur de remplir d'une manière exemplaire ses devoirs d'état : 1° envers ses parents, en leur prouvant son affection par un très grand respect et une entière obéissance; 2° envers ses frères et sœurs, par une bonté toujours douce et patiente; 3° en classe, par l'application au travail.

7° Son bonheur sera de pratiquer la charité envers toutes les personnes de la maison, envers ses amies et ses compagnes, et d'une manière particulière à l'égard des autres Congréganistes, par les bons exemples qu'on se donnera toujours, et les sages conseils qu'on ne se refusera jamais.

8° Toutes les précautions seront prises pour fuir les occasions dangereuses c'est-à-dire les mauvaises fréquentations, la lecture des mauvais livres et tout plaisir qui expose vraiment une jeune fille.

On regardera comme un devoir de vraie fraternité d'assister aux funérailles de chaque Congréganiste, et à la Messe qui sera célébrée pour le repos de son âme; de plus une Messe d'anniversaire est dite chaque année dans la première quinzaine de novembre pour le repos de l'âme des Congréganistes décédées.

Notre Congrégation érigée, le 1er juin 1890, est affiliée à la Prima Primaria de Rome et enrichie des indulgences de cette Archiconfrérie.

On invite les Enfants de Marie à s'occuper des Enfants de la Congrégation de l'Ange Gardien, et à passer dans la Congrégation des Mères chrétiennes, quand Dieu les appelle à fonder une famille.

10ᵐᵉ Echelon d'honneur offert à l'épouse et à la mère, pour faire fleurir la piété dans la famille :

La Congrégation des Mères chrétiennes.

Qui nous dira l'influence bienfaisante de la femme dans la famille, quand elle sait remplir son devoir vis-à-vis de son époux, à l'égard de ses enfants et envers ses serviteurs !

Donnez-moi des épouses et des mères vraiment chrétiennes, et je vous promets de renouveler la société ; car la société est composée de familles ; et pour qu'une famille soit bonne, il suffit très souvent d'une mère digne de ce nom qui ait du cœur et de la conscience : avec son cœur, la mère mettra l'union et l'harmonie entre les divers membres de la famille ; et avec sa conscience elle arrivera à décider chacun à faire son devoir ; et alors cette famille vivra heureuse, bénie de Dieu et jouissant de l'estime de tout le monde.

Or le but de notre Congrégation, est de former des mères qui aient bon cœur et conscience de tous leurs devoirs. Si elles s'unissent et s'associent, c'est pour mettre en commun leurs vœux, leurs sollicitudes, leurs efforts et leurs prières, et les rendre plus efficaces en faveur de leurs enfants et de leurs familles.

Leur premier moyen d'action est la prière ; mais pour que leur prière soit toute puissante, elle sera appuyée des invocations suivantes :

O Marie, Vierge Immaculée et Mère de douleurs, parlez

de nos chers enfants au Cœur adorable de Jésus, qui ne refuse rien à sa Mère! Intercédez pour eux et pour nous.

Saints Anges Gardiens, priez pour eux et pour nous.

Saint Joseph, puissant protecteur, priez pour eux et pour nous.

Saint Jean, disciple bien-aimé du Cœur de Jésus, priez pour eux et pour nous.

Sainte Anne, Mère de Marie, priez pour eux et pour nous.

Saint Augustin, priez pour eux et pour nous.

Saint Louis de Gonzague, priez pour eux et pour nous.

Sainte Monique, priez pour eux et pour nous.

Le second moyen est d'assister à la Sainte Messe célébrée aux intentions des Mères chrétiennes, aux jours de fête de la Congrégation. Une instruction tout à fait spéciale leur est adressée pendant ou après la Sainte Messe.

Le troisième moyen qui est offert aux Mères chrétiennes, c'est une retraite annuelle, durant laquelle, on pourra leur donner avec quelques détails des conseils particuliers à leurs besoins.

Cette Congrégation est pour les Enfants de Marie qui s'engagent dans les liens du mariage; elle s'adresse aussi aux épouses et aux mères qui n'ont jamais été Enfants de Marie mais qui veulent vivre chrétiennement sous le toit conjugal.

11ᵐᵉ Echelon d'honneur offert aux jeunes gens et aux hommes du monde, pour les protéger contre mille périls :

La Société de Saint-Joseph.

Hélas ! le monde où nous vivons, est semblable à une mer battue par tous les vents et par tous les orages et semée de toutes sortes d'écueil. Les jeunes gens surtout et les hommes y sont particulièrement exposés.

Qui pourra échapper au naufrage et arriver heureusement au port du salut !

Tous ceux qui auront la sagesse d'écouter, comme Saint Joseph les leçons de Notre-Seigneur, et de suivre ses exemples.

C'est pourquoi, on recevra avec bonheur dans la Société de Saint-Joseph les jeunes gens et les hommes qui veulent vivre chrétiennement, c'est-à-dire, mettre leur conduite d'accord avec les promesses de leur Baptême.

Voici les moyens d'atteindre un but si désirable :

1º Ne jamais manquer totalement ses prières du matin et du soir, et ne les abréger que pour un motif raisonnable, et ajouter à sa prière du matin et du soir : Saint Joseph, priez pour nous.

2º La science religieuse étant plus nécessaire que jamais, une lecture de piété sera faite chaque jour, et le choix en sera indiqué au commencement du mois.

3º Comme dessert, on servira à son âme tous les

jours une dizaine de chapelet. Que la vie est plus douce, quand Marie est pour nous !

4° Se mettre soigneusement en garde contre certaines maximes du monde, touchant la foi, ou concernant la sanctification du dimanche, et par rapport aux lois de la Sainte Eglise.

5° Dès lors, s'interdire certaines fréquentations dangereuses, et la lecture de tout mauvais journal et des revues malsaines.

6° Sous aucun prétexte, ne manquer la Sainte Messe les jours de dimanche et de fêtes d'obligation, excepté en cas de maladie. On désire l'assistance à la messe du Prône et aux Vêpres.

7° On regardera comme un devoir rigoureux, celui de l'abstinence. Pour faire gras un jour défendu, il faudra une raison grave et autant que possible la permission de son confesseur. Ici le respect humain ne sera jamais écouté.

8° On se fera une joie d'assister aux réunions, qui auront lieu le dernier mercredi du mois à 8 heures du soir.

9° Honorer Saint Joseph en faisant les exercices de son mois.

10° Il est à désirer que l'on se confesse au moins une fois par mois. Le jour de sa confession, on rendra compte à son directeur de la manière dont on aura observé les divers articles du présent règlement.

Les Associés de Saint Joseph sont instamment priés de s'occuper des petits garçons qui font partie de la Confrérie de l'Ange Gardien.

12ᵐᵉ Echelon d'honneur offert aux vaillants chrétiens, qui sont décidés à prendre les meilleurs moyens pour se sanctifier au milieu du monde :

La Société de Saint François de Sales.

Les membres de cette Société se proposent, avec la grâce de Dieu, et quels que soient le milieu dans lequel ils vivent et la nature de leurs occupations, de devenir de parfaits chrétiens, de s'encourager mutuellement dans la pratique des vertus solides et d'en donner l'exemple au milieu du monde.

Pour atteindre ce but, ils se mettent à l'école d'un saint qui a su rendre le devoir facile, à force de le faire aimable, et ils emploieront les moyens qui suivent :

1° Commencer la journée par un acte d'humilité.

2° Après la prière du matin, on fera une petite lecture méditée sur l'Imitation de Jésus-Christ. Une résolution au moins, sera prise alors, pour bien passer la journée.

3° On assistera à la Sainte Messe la semaine toutes les fois qu'on pourra, et on y fera la communion au moins spirituelle.

4° Le dimanche, la Messe qui sera choisie, sera celle du Prône; et jamais on ne manquera les Vêpres par sa faute.

5° Avant ou après son déjeuner de midi, on est prié de voir par un court examen, comment on a passé la matinée; il sera bon alors, de renouveler les résolutions du matin pour la soirée.

6° Dans la soirée on fera une lecture de piété, dont le sujet sera indiqué au commencement du mois.

7° On regardera comme un honneur de faire une visite au Saint-Sacrement tous les jours qu'on pourra, surtout les jours de communion.

8° Un acte de zèle durant le jour est fortement conseillé.

9° A l'exemple de Saint François de Sales, avoir toujours une physionomie douce et calme. Aimer cette invocation : Jésus doux et humble de cœur, rendez mon cœur semblable au vôtre.

10° On se fera un plaisir d'assister aux réunions qui auront lieu tous les mois, le premier mardi du mois à 8 heures du soir.

11° Se confesser au moins tous les quinze jours, et rendre compte le jour de sa confession de la manière dont on aura observé le règlement.

Saint François de Sales, priez pour nous.

TROISIÈME PARTIE

LES ÉCHELONS DE LA VRAIE FRATERNITÉ

Nous voilà arrivés aux derniers échelons. Pour les monter il faut du cœur ; car il s'agit de venir en aide à notre prochain, et si besoin il y a, de nous dévouer, afin de lui faire tout le bien en notre pouvoir.

———————

1er Echelon de la vraie fraternité à gravir pour porter secours à nos frères les plus abandonnés :

La Propagation de la Foi.

Cette œuvre admirable par-dessus toutes les œuvres, a pour but d'aider, par des prières et des aumônes, les missionnaires catholiques qui vont porter la foi et la civilisation au milieu des peuples infidèles.

Elle commença à Lyon le 3 mai 1822. Recommandée par les papes et par tout l'épiscopat, accueillie avec amour par tous les fidèles de la chrétienté, la Propagation de la Foi étend aujourd'hui partout sa bienfaisante influence.

Et rien n'est facile comme de faire partie de cette œuvre ; en voici les conditions :

1° Donner son nom et un sou par semaine à un chef de dizaine.

2° Réciter chaque jour un *Pater* et un *Ave*, avec cette invocation : Saint François Xavier, priez pour nous. Encore satisfait-on à la condition du *Pater* et de l'*Ave*, en appliquant à cette intention une fois pour toutes, le *Pater* et l'*Ave* de sa prière du matin ou du soir?

C'est pourquoi, si nous ne sommes pas de cette œuvre, hâtons-nous de nous faire inscrire parmi les Associés de la Propagation de la Foi.

2ᵐᵉ Echelon de la vraie fraternité à gravir pour la défense et la conservation de la foi :

L'Œuvre de Saint François de Sales.

Cette Œuvre a pour but, d'aider le clergé *à conserver et à défendre la foi* et à ranimer la vie chrétienne dans les pays catholiques.

Elle est née en 1856, d'un vœu exprimé par le Souverain Pontife Pie IX. Voyant se liguer contre l'Eglise les Sociétés secrètes, les francs-maçons, les sectes protestantes et les révolutionnaires de toute espèce, le Pape manifeste le désir de voir s'organiser sans retard une grande association catholique, destinée à faire au dedans ce que fait au dehors la grande œuvre de la Propagation de la Foi. « Je voudrais », dit le Saint-Père, « une sorte de Propagation de la Foi à l'intérieur. » Ce désir du Pape se réalisa par l'œuvre de Saint-François de Sales, dès 1857, à Paris, où sous l'impulsion ardente de Mgr de Ségur, son président, elle prit rapidement la plus grande extension.

Ses moyens d'action sont au nombre de quatre, expressément bénis et approuvés par le Saint-Père :

1º Fonder, soutenir, développer, le plus efficacement possible, les œuvres qui ont pour objet l'éducation chrétienne et la préservation de la jeunesse : asiles, écoles, patronages, écoles cléricales, ouvroirs, classes du soir, cercles de jeunes ouvriers et de jeunes commis, œuvres militaires, etc...

3

2° Fonder, soutenir, développer les bibliothèques paroissiales ou cantonales; répandre sur une vaste échelle les bons livres populaires et à bon marché; procurer et faciliter par toute sorte de moyens les bonnes lectures, selon les différents besoins des populations ; en un mot, opposer au déluge de la presse impie et révolutionnaire, un antidote efficace, réclamé par tous les gens de bien.

3° Faire prêcher des missions, des retraites populaires, non seulement dans les campagnes, mais encore et surtout dans les faubourgs de nos grandes villes, si puissamment travaillées par les démagogues et par les agents des sectes protestantes.

4° Enfin, soutenir par des aumônes les églises pauvres des campagnes ou les chapelles de secours menacées d'interdiction, afin que le culte divin n'y soit pas interrompu, et que les fidèles aient la facilité de sanctifier le dimanche.

Pour faire partie de cette Association il suffit de donner son nom à un chef de dizaine, de lui remettre la cotisation de 60 centimes par an, un sou par mois, et de réciter chaque jour un *Ave Maria*, avec l'invocation : Saint François de Sales, priez pour nous.

3me Echelon de la vraie fraternité offert à ceux qui veulent sauver l'âme des enfants du peuple :

L'Œuvre des Écoles catholiques.

Je ne viens point faire ici le procès des écoles sans Dieu. Les fruits amers qu'elles ont déjà produits, sont la meilleure preuve que l'arbre est mauvais, et que tous les enfants qui en mangeront, y trouveront un germe de mort. C'est ainsi, qu'ils ne comprendront rien à la grande loi du respect envers les parents et de la charité envers le prochain. Car un enfant élevé sans religion, sera essentiellement égoïste, et par conséquent sans respect pour son père et sa mère, sans affection pour ses semblables et sans dévouement pour personne. Dieu seul, en effet, sait mettre ces grandes et saintes choses au cœur de l'enfant; et ajoutons qu'elles sont essentielles au bonheur de la famille et de la société.

La conclusion qui s'impose, c'est qu'il faut créer des Écoles catholiques, et les soutenir de tout son pouvoir pour qu'elles vivent prospères.

Dès lors, un double devoir nous incombe, si nous voulons sauver l'âme des enfants de la classe ouvrière.

1º Nous devons par tous les moyens dont nous pouvons disposer créer des Écoles religieuses, où l'on enseigne tout ce qu'un enfant doit croire et pratiquer pour devenir un parfait chrétien.

2º Nous ferons des sacrifices pour soutenir nos Écoles

catholiques. Volontiers nous donnerons notre argent
et notre or, afin qu'elles soient bien tenues. Et nous
userons de toute notre influence auprès des parents,
pour qu'ils envoient leurs enfants chez les Frères et
chez les Sœurs. Et par là, nous ferons l'œuvre la plus
agréable à Dieu et la plus utile à notre pays. Donc que
tout le monde fasse partie de cette œuvre. L'annuité
est de douze francs par an, soit un franc par mois. Si
nous sommes pauvres, donnons moins, mais usons
alors de toute notre influence pour remplir nos Écoles
catholiques.

4ᵐᵉ Echelon de la vraie fraternité offert aux chefs de maison et d'atelier qui désirent compléter l'instruction de leurs ouvrières, ou des personnes à leur service :

L'Œuvre de l'École dominicale.

L'Église de Dieu, qui a reçu de son divin Fondateur la mission d'éclairer le monde, a toujours favorisé la science et les beaux-arts, et dès lors, fait tous ses efforts pour les apprendre à ses enfants.

C'est donc répondre à la pensée de la Sainte Église, que d'instruire les personnes qui ne savent rien ou peu de chose, et de leur enseigner l'art d'écrire et de le faire correctement, avec un peu de calcul, et beaucoup de catéchisme ; car à quoi servent toutes les sciences humaines, si l'on ignore la plus importante de toutes, celle concernant Dieu et nos rapports avec Lui !

C'est pourquoi, à l'École dominicale de Saint-Pierre, qui a lieu tous les dimanches de 10 heures à 11 heures 1/2, on enseigne : 1° à lire et à écrire ; 2° la grammaire ; 3° l'arithmétique ; 4° surtout le catéchisme.

On reçoit à cette école toutes les jeunes filles qui le désirent, à partir de leur première Communion. Comme rétribution on ne demande que leur bonne volonté, c'est-à-dire un vrai désir de profiter des leçons qu'on leur donne.

Cette école fondée en 1826 par des demoiselles remplies de l'esprit de Notre-Seigneur, est toujours restée une œuvre principale parmi celles de la paroisse. Les bonnes familles de Saint-Pierre, ont de tout temps regardé comme un honneur d'envoyer à cette école pour servir de professeurs, leurs jeunes filles déjà instruites ; et les élèves s'estiment heureuses, d'avoir pour les instruire des maîtresses qui savent se dévouer, sans demander d'autres honoraires, que le bien qu'elles peuvent faire à l'École.

Cette œuvre, qui voudrait rester florissante, ose compter sur la bonne volonté des chefs de maison pour envoyer des élèves, et sur le dévouement des familles religieuses pour fournir des professeurs.

5me Échelon de la vraie fraternité offert aux dames et aux messieurs pour secourir les pauvres de la paroisse :

L'Œuvre de la Miséricorde.

Quiconque a bon cœur, le sent battre à la vue d'une misère à soulager. Le flair de la charité nous fait découvrir bien vite les pauvres du quartier, et on éprouve le besoin de les secourir par tous les moyens en son pouvoir ; et pour leur faire un bien complet, on commence par soulager les misères du corps, on essaye de panser en même temps les plaies du cœur, et si on est vraiment chrétien, on ose monter jusqu'à l'âme, pour s'efforcer de la guérir, alors que le péché l'a blessée.

Voilà l'œuvre de la vraie miséricorde. Elle suppose des cœurs généreux et des âmes tout apostoliques. Alors on donne volontiers la pièce de monnaie qui apporte au ménage du pauvre, le pain et le charbon qui manquent, et les vêtements dont il a besoin. On fait mieux encore : après avoir ouvert son porte-monnaie, on ouvre son cœur pour dire au pauvre la parole qui console, et au besoin, on se fait apôtre pour le convertir, s'il est pécheur.

Mais pour exercer la charité d'une manière si parfaite, il ne faut point voir le pauvre à travers ses haillons et ses défauts, mais dans le cœur de Notre-Seigneur. Là, qui ne l'aimerait ! Et qui refuserait de le secourir, en entendant le bon Sauveur nous dire : tout ce que vous ferez à ce pauvre, c'est à moi-même que vous le ferez ; et au jour du jugement, un verre d'eau donné de la part de Dieu ne restera pas sans récompense.

C'est pourquoi, vous inviter à faire partie de l'Œuvre de la Miséricorde, c'est vous proposer la plus riche spéculation. Votre argent prêté à un banquier vous rapporte à peine cinq ou six francs pour cent ; donné à un pauvre au nom de Jésus-Christ, il vous rapportera cent pour cent et plus encore.

N'hésitez donc plus à vous faire inscrire parmi les bienfaiteurs des pauvres de Saint-Pierre. Nous voudrions dans notre Œuvre de Miséricorde non seulement des dames, mais encore des messieurs ; car à côté du pauvre qui meurt de faim et de froid dans la mansarde, il y a le pauvre qui est à la rue ou qui va être chassé de son domicile. Nous le recevrons volontiers dans la Maison du Sacré-Cœur, rue de l'Arbre-Sec, 40 ; mais pour nous aider, nous osons prier les messieurs d'imiter les dames, et de nous donner comme elles une annuité de 25 francs.

Nous prions les personnes qui font partie de l'Œuvre de la Miséricorde de nous signaler les pauvres qu'elles connaissent. Et comme nous leur serions reconnaissants si elles consentaient à faire mieux encore, à les visiter !

6me Échelon de la vraie fraternité offert aux jeunes filles et aux jeunes gens, en faveur des enfants sans ressources et sans abri :

L'Œuvre de la Providence.

A côté du vieillard qui est pauvre et qui ne peut plus travailler pour gagner sa vie, je rencontre l'enfant qui est trop jeune pour faire un travail lucratif, et qui n'a plus ni père ni mère, ou qui a des parents pauvres ; que deviendra cet enfant, si la Providence ne lui envoie pas un Ange, pour le conduire sur le chemin de la vie, et le préserver de tous les dangers qui le menacent ?

Cet Ange que le Bon Dieu met sur la route de cet enfant abandonné, c'est vous jeune fille ou jeune homme qui avez des parents riches et bien chrétiens.

Je vous invite à prendre pitié de ce pauvre enfant ; cela vous portera bonheur ; Dieu vous bénira.

Pour vous l'annuité sera de dix francs.

Et cette aumône que vous donnez de tout votre cœur, sera comme une semence qui, jetée dans la main d'un enfant pauvre, produira à votre avoir une moisson de mérites que vous récolterez dans le ciel pendant l'éternité.

7ᵐᵉ Échelon de la vraie fraternité offert aux anges de la charité :

L'Œuvre des Veilleuses.

Parmi ceux qui souffrent et qui pleurent, il me semble que les plus malheureux, ce sont les malades pauvres, alors surtout qu'ils sont pécheurs.

Rien n'est dur comme la maladie; mais si la pauvreté est installée près du malade et que la religion ne soit point là pour consoler, que deviendra cette pauvre victime? Le désespoir alors, n'entrera-t-il pas tout à son aise dans cette maison où tout manque?

Qui donc apportera à cet infortuné et le remède qui soulage et la parole qui console et qui convertit?

Ne faut-il pas un ange de charité créé tout exprès par le Cœur de Jésus, pour aller à ce pauvre malade et lui faire tout le bien dont il a besoin? Oui sans doute. Mais où trouver cet ange? C'est vous, qui savez voir Notre-Seigneur dans les malades que vous soignez, surtout quand ils manquent du nécessaire et qu'ils ne sont pas religieux.

Courage donc et confiance! Dieu sera avec vous et vous aidera.

Mais pour que le bien que les Veilleuses sont appelées à faire auprès des malades soit plus grand, nous voudrions trois espèces de Veilleuses : 1° les Veilleuses actives; 2° les Veilleuses honoraires; 3° les Veilleuses d'honneur.

Les premières consentent à sacrifier de temps en
temps le repos de la nuit pour veiller au chevet des
malades pauvres, afin de leur procurer tous les soins
spirituels et temporels dont ils ont besoin.

Les Veilleuses actives doivent avoir : au moins vingt
ans, une santé ordinaire, l'amour des âmes et beaucoup
de bonne volonté.

Par prudence, et aussi afin de ménager la santé des
Veilleuses, on sera ordinairement deux pour veiller un
malade.

Les Veilleuses honoraires sont celles qui fournissent
les ressources pécuniaires pour les besoins matériels
des malades pauvres. L'annuité variera de un franc à
cinq francs; toutefois on recevra toujours avec reconnaissance les plus petites offrandes, sans mépriser celles
qu'on voudrait faire plus importantes.

Il va sans dire que les Veilleuses honoraires peuvent
en même temps être Veilleuses actives; alors elles seront doublement généreuses, par l'argent qu'elles donnent et par le repos de la nuit qu'elles sacrifient.

Les Veilleuses d'honneur sont celles qui mettront
leur gloire à ramener les pécheurs à Dieu, surtout au
moment de la mort. Elles acceptent la mission, si honorable d'ailleurs, de veiller comme Jésus-Christ sur tous
les pécheurs qu'elles connaissent, de travailler avec
toute la prudence chrétienne à les convertir, alors même
qu'ils sont pleins de vie; et quand ils seront en danger
de mort, toutes les ressources du zèle seront épuisées
par ces Veilleuses d'honneur pour qu'aucun malade ne
meure sans s'être réconcilié avec son Dieu.

Les Veilleuses d'honneur peuvent, en même temps, être Veilleuses honoraires et Veilleuses actives, sûres d'être d'autant plus agréables à Jésus et à Marie qu'elles sauront se montrer plus généreuses.

Pour être simplement Veilleuses d'honneur, il suffit d'aimer Notre-Seigneur et les âmes pour lesquelles Jésus-Christ a donné jusqu'à la dernière goutte de son sang.

La réception des Veilleuses se fera solennellement à l'église deux fois par an. On remettra alors une croix aux Veilleuses actives et une médaille aux Veilleuses honoraires et aux Veilleuses d'honneur.

Chaque associé se fera un plaisir : 1° d'offrir ses priè-res ordinaires pour les pauvres malades et les pécheurs ; 2° on récitera chaque jour les invocations suivantes : Cœur sacré de Jésus, ayez pitié de nous ; Cœur Immaculé de Marie, priez pour nous ! Saint Joseph, priez pour nous ! Saint Vincent de Paul, priez pour nous ! Saint Pierre, priez pour nous ! 3° Tous les jours on adressera cette demande à Notre-Seigneur : O Cœur sacré de Jésus ! j'ose vous demander, quelque indigne que j'en sois, une faveur précieuse par-dessus toutes, celle qu'aucun des pécheurs que je connais ne meure en votre disgrâce ; 4° à l'intention de nos malades et de nos pé-cheurs, nous aurons la charité d'accepter sans nous plaindre les diverses misères de la vie ; et, de temps en temps, nous pousserons la générosité jusqu'à y ajouter quelques sacrifices ; 5° Ne jamais rester dans le péché mortel.

Peut-être sera-t-il agréable aux membres de la Société

des Veilleuses, de savoir l'origine de notre Œuvre ?

Elle fut fondée en 1826, et pourvue d'un règlement en 1833. Les réunions se font régulièrement jusqu'à 1869. Alors elles sont interrompues pendant trois ans.

En 1872, M. le Curé les reprend et tient à les présider jusqu'à sa mort 1890.

À ce moment le nouveau Curé se charge de l'Œuvre des Veilleuses et lui donne une physionomie nouvelle.

Et son désir le plus ardent est que toutes les paroissiennes de Saint-Pierre, donnent leur nom au moins comme Veilleuses d'honneur.

8ᵐᵉ Échelon de la vraie fraternité offert aux cœurs catholiques, pour venir au secours du Souverain Pontife :

L'Œuvre du Denier de Saint-Pierre.

Cette Œuvre, canoniquement érigée à Lyon sur le modèle de la Propagation de la Foi, a pour but de procurer au Saint-Père des ressources régulières et permanentes et d'augmenter le nombre de ceux qui prient pour l'Église et pour son Chef.

L'annuité du Denier de Saint-Pierre est de un franc par an.

Pour se dévouer généreusement à cette Œuvre si catholique, il suffit aux fidèles de se rappeler que le Pape a la sollicitude de toutes les Églises, et qu'il pourvoit, grâce à nos offrandes, au gouvernement spirituel de la catholicité toute entière. Il maintient les Congrégations romaines, subvient aux missions étrangères de la Propagande spoliée, fait l'aumône avec notre aumône, et donne de sa main sacrée le pain terrestre aux évêques persécutés, aux prêtres et aux religieux dépourvus de tout, et devenus, à son exemple, des confesseurs de la foi.

Aimons donc cette Œuvre, et soyons heureux d'en faire partie, pour remplir envers le Saint-Père, le plus doux des devoirs, celui de la piété filiale.

9ᵐᵉ Echelon de la vraie fraternité offert à ceux qui ont du patriotisme, pour mettre l'âme de nos soldats à l'abri des dangers de la caserne.

L'Œuvre de Notre-Dame des Soldats.

Qui nous dira combien ces dangers sont nombreux, et combien est considérable le nombre des jeunes gens qui y succombent! C'est pourquoi, empêcher nos jeunes soldats d'être victimes des dangers de la caserne, obtenir par la puissante intercession de la Très Sainte-Vierge la conservation de la foi et des mœurs dans l'armée; inspirer, entretenir et développer au cœur de nos chers soldats l'amour généreux du devoir, de la discipline et du dévouement, est un apostolat qui s'impose à tout cœur français vraiment chrétien; tel est précisément le but de l'Œuvre de Notre-Dame des Soldats. Est-il œuvre plus importante, plus religieuse et plus patriotique?

Les Messes militaires, dimanches et fêtes, les instructions et retraites, les réunions et les écoles du soir, les bibliothèques, distributions de livres et les cercles, en sont les principaux moyens.

Il me semble que tout vrai catholique voudra s'y associer. Mères chrétiennes, Dames de charité, vous êtes mères, épouses, sœurs ou parentes d'un soldat; c'est à votre dévouement qu'il est fait appel. L'Œuvre de Notre-Dame des Soldats est remise entre vos mains; elle est confiée à votre cœur. Sous la sage direction de vos

Pasteurs et avec l'aide de Dieu, vous l'établirez, vous la propagerez et vous aiderez ainsi les Aumôniers à créer les Œuvres militaires pour le plus grand bien de nos soldats, et de vos enfants.

Pour faire partie de l'Œuvre de Notre-Dame des Soldats, on dira : 1° chaque jour un *Pater* et un *Ave* avec l'invocation : Notre-Dame des Soldats, priez pour eux. Le *Pater* de la prière du matin ou du soir suffit.

2° L'annuité est de un sou par semaine ou de 2 fr. 60 par an.

3° Se faire inscrire sur le registre de l'Association.

Oui, ô Notre-Dame de Fourvière, nous ne voulons plus refuser au soldat l'aumône et la prière qui peuvent le sauver.

10ᵐᵉ Echelon de la vraie fraternité, pour sauvegarder la foi et abriter l'âme des étudiants :

L'Œuvre des Facultés Catholiques.

Les occasions dangereuses auxquelles sont exposés les jeunes gens dans le monde, sont de nature à faire trembler quiconque a souci du salut de leur âme. Et pourtant, que sont tous ces dangers, si on les compare à ceux qui attendent le jeune homme, alors qu'il se prépare dans les hautes études aux grades de l'enseignement supérieur ! Voyez plutôt : ce sont les passions avivées par toutes les séductions les plus raffinées ; et après le mauvais journal qui est partout, je vois entre les mains du jeune étudiant les revues les plus malsaines, dont la lecture trop souvent est imposée par le programme universitaire ; et outre les camarades qui font le mal, j'entends des professeurs, savants d'ailleurs et qu'on est tenu d'écouter, apprendre à leurs élèves des théories subversives de tout principe religieux.

Que deviendra un jeune homme de dix-huit, vingt ans, ou de vingt-cinq ans ! Hélas ! nous ne le savons que trop ! Faut-il nous contenter de gémir ? Il y a mieux à faire. Il s'agit de créer et d'ouvrir des Facultés Catholiques, à côté de celles qui ne veulent plus l'être, afin que les jeunes gens qui ont besoin des grades universitaires pour leur avenir, puissent s'y préparer, sans compromettre les intérêts de leur âme et de leur éternité.

Delà, la nécessité des Facultés Catholiques, créées il y a quelques années, et que nous recommandons à tous les parents chrétiens. Donnons aussi notre aumône pour soutenir ces écoles qui ne peuvent vivre prospères, qu'à la condition d'avoir d'excellents professeurs, et des locaux bien aménagés et pourvus de toutes pièces.

L'annuité est de 2 francs par an, mais il est permis d'être plus généreux.

11ᵐᵉ Echelon de la vraie fraternité offert aux hommes et aux jeunes gens qui ont de la voix, pour relever nos cérémonies religieuses par le plain-chant, exécuté selon les règles de l'art musical.

L'Œuvre du Chant religieux.

Rien n'est divinement beau comme une mélodie, qui frappant agréablement nos oreilles, va éveiller au fond de l'âme, des sentiments qui élèvent notre cœur vers Dieu, afin de lui rendre les devoirs qui lui sont dûs, et lui demander les grâces dont nous avons besoin. Or, mes chers Messieurs, que je vous dise, que les exercices que vous avez chaque semaine, vous rendront capables d'exécuter si bien le plain-chant, que vos voix, unies ensemble dans une douce et religieuse harmonie, produiront ces heureux effets, pour la plus grande gloire de Dieu, pour l'édification de la paroisse et pour le bien de vos âmes.

Et de plus, vous vous rendrez service les uns aux autres, en vous encourageant à bien faire; par votre nombre vous triompherez du respect humain, qui empêche tant d'hommes de venir à l'église parce qu'ils ont peur d'être seuls, et vous ferez tomber ce préjugé si faux, que le plain-chant est sans intérêt pour ceux qui ont le goût musical. Et le courage que vous aurez, pour assister aux répétitions, et pour chanter les louanges de Dieu à l'église vous portera bonheur.

En faut-il davantage, pour encourager les bons jeunes gens et les hommes de bonne volonté, à se grouper ensemble et s'unir par les liens de l'Association, pour mieux apprendre le chant religieux et l'art de l'exécuter avec goût, ou selon les règles de l'art musical?

Soyez donc nombreux, soyez assidus aux répétitions, aux offices de l'église; et j'ose vous promettre les grâces qui font du bien à l'âme, et les satisfactions qui réjouissent le cœur, et les jouissances qui délassent le corps, et les protections qui nous mettent à l'abri du besoin.

INDULGENCES

ATTACHÉES

aux Œuvres de la Paroisse de Saint-Pierre

Indulgences accordées à l'Association de la prière en famille.

INDULGENCES PLÉNIÈRES — 1. Pour tous les membres de la famille associée, le jour de l'inauguration de l'œuvre au foyer domestique. — 2. Pour tous les associés, le jour de la rénovation de l'engagement qu'ils ont pris de se réunir le soir et de prier devant l'image de la Sainte-Famille. — 3. Pour les associés, aux fêtes de Noël, de la Circoncision, de l'Epiphanie, de la Résurrection et de l'Ascension de N.-S. Jésus-Christ : aux fêtes de l'Immaculée-Conception, de la Nativité, de l'Annonciation, de la Purification et de l'Assomption de la Bienheureuse Vierge Marie ; ainsi qu'à la fête de Saint Joseph, époux de la Sainte-Vierge, et à celles de son Mariage et de son Patronage. — 4. Une fois chaque mois, à tout associé, le jour qu'il aura choisi à cette fin, pourvu que pendant le mois il ait été fidèle à la prière du soir devant l'image de la Sainte-Famille.

INDULGENCES PARTIELLES. — 1. Sept ans et sept quarantaines, chaque jour, à tout associé, participant au pieux exercice du soir, comme il est dit ci-dessus. — 2. Deux cents jours, pour l'invocation : *O Jésus, Marie, Joseph, éclairez-nous, secourez-nous, sauvez-nous*, par laquelle les associés terminent la prière du soir.

Indulgences de la Confrérie du Saint-Sacrement.

Pour encourager les Confrères, Pie VII, par un bref du 5 décembre 1820, a accordé à perpétuité à notre Association les indulgences suivantes :

1º Indulgence plénière pour les Confrères, le jour de leur réception, moyennant confession, communion et prières aux intentions du Souverain Pontife.

2º Indulgence plénière à l'article de la mort, aux mêmes conditions.

3º Le jour de la Fête-Dieu ou un jour de l'Octave, aux mêmes conditions.

4º Indulgence de sept ans et sept quarantaines, le troisième dimanche du mois, aux mêmes conditions que plus haut.

5º Indulgence de soixante jours pour les Confrères, toutes les fois qu'ils accomplissent un acte de piété envers Notre-Seigneur ou une œuvre de charité envers le prochain.

Indulgences de l'adoration perpétuelle du Très Saint-Sacrement.

INDULGENCES PLÉNIÈRES moyennant confession, communion et prière aux intentions du Souverain Pontife.

1º Le jour de la réception.

2º Le jour de la fête du Saint-Sacrement, aux associés qui assisteront à la procession.

3º A ceux qui ayant de véritables raisons pour se dispenser d'assister à la procession, prieront selon les intentions du Souverain Pontife.

4º A tous ceux qui, au moment de la mort, invoqueront au moins de cœur, s'ils ne le peuvent de bouche, le saint nom de Jésus.

INDULGENCES PARTIELLES :

1º Indulgence de sept ans et de sept quarantaines à ceux qui, étant confessés, communieront le jour de la fête du Saint-Sacrement, et prieront aux intentions du Souverain Pontife.

2º A ceux qui accompagneront le Saint-Sacrement lorsqu'on le porte aux malades.

3º A ceux qui assisteront aux processions du troisième dimanche de chaque mois et à celle du Jeudi-Saint.

4º Indulgence de quatre cents jours aux associés qui contrits et confessés, assisteront à la Messe et aux Vêpres de la fête du Saint-Sacrement.

5º Deux cents jours à ceux qui, contrits et confessés, jeûneront la veille de la fête du Saint-Sacrement, ou qui en étant empêchés, feront une œuvre pie, désignée par leur confesseur.

6º Deux cents jours à ceux qui assisteront aux Vêpres et à la Messe tous les jours de l'Octave du Saint-Sacrement.

INDULGENCES DE CENT JOURS. — 1º Aux associés, toutes les fois qu'ils assisteront aux offices et aux processions de la Confrérie.

2º Chaque vendredi de l'année et le Jeudi-Saint à ceux qui visiteront l'église où la Confrérie est établie.

3º A chacune des stations que l'on fera le Jeudi-Saint.

4º A ceux qui, ne pouvant pas accompagner le saint Viatique, réciteront un *Pater* et un *Ave*.

5º A ceux qui accompagneront un fidèle défunt jusqu'au lieu de sa sépulture.

6º A ceux qui contribuent à rétablir la paix entre des ennemis.

7º A ceux qui ramènent un pécheur à la religion.

8º A ceux qui instruisent les ignorants des vérités du salut.

9º A ceux qui visitent les malades, les infirmes, les prisonniers; qui exercent quelque autre œuvre de charité ou donnent l'hospitalité aux pauvres.

10º A ceux qui assisteront aux réunions publiques ou privées de la Confrérie.

11º Toutes les fois qu'on assistera à la Messe dans l'église de la Confrérie.

12º Toutes les fois qu'on assistera aux processions ordonnées par l'Evêque.

Indulgences de l'Archiconfrérie du Sacré-Cœur.

INDULGENCES PLÉNIÈRES. — 1. Le jour de la réception dans l'Archiconfrérie (la visite de l'église n'est pas exigée). — 2. Le jour de la fête du Sacré-Cœur de Jésus (visite à l'église). — 3. A l'article de la mort, si on invoque dévotement le saint nom de Jésus. — 4. A chacune des solennités de l'Archiconfrérie; les jours de ces fêtes déterminées par l'Archevêque sont : le dimanche de la Septuagésime, le premier vendredi de juin, la fête du Cœur Immaculé de Marie, le dimanche qui suit la grande Commémoraison des morts (la visite est exigée). Pour les indulgences plénières qui suivent, la visite n'est pas de rigueur. — 5. Le premier vendredi ou le premier dimanche de chaque mois. — 6. Un jour de chaque mois à volonté. — 7. Un autre jour de chaque mois à volonté, si l'on récite le matin, à midi et le soir, trois *Gloria Patri* pour remercier la Sainte-Trinité des grâces qu'elle a accordées à Marie. Pour les indulgences suivantes la visite est exigée. — 8. Aux fêtes de Notre-Seigneur : Noël, Jeudi-Saint, Pâques, Ascension, Pentecôte, Fête-Dieu. — 9. Aux fêtes de la Sainte-Vierge : Immaculée-Conception, Nativité, Annonciation, Purification et Assomption. — 10. Aux fêtes de Saint Jean l'Evangéliste, de Saint Grégoire (12 mars), de Saint Joseph, de Saint Pothin, de Saint Pierre, de Saint Irénée et de la Toussaint.

INDULGENCES PARTIELLES. — 1. Sept ans et sept quarantaines, les quatre dimanches qui précèdent la fête du Sacré-Cœur. (S'approcher des Sacrements, la visite de l'église pas exigée). — 2. Trois cents jours, si on récite le matin, à midi et le soir trois *Gloria Patri*, pour remercier la Très Sainte-Trinité des grâces qu'elle a accordées à Marie. — 3. Soixante jours pour toute œuvre de piété.

Pour les indulgences suivantes, il faut visiter l'église et prier aux intentions du Souverain Pontife : 1. Neuvaine préparatoire à la fête du Sacré-Cœur; indulgence de sept

ans et de sept quarantaines chaque jour de la neuvaine.
— 2. Triduo préparatoire à la fête du Sacré-Cœur, indulgence de sept ans et de sept quarantaines chaque jour du
Triduo. — 3. Circoncision de Notre-Seigneur, indulgence
de trente ans et de trente quarantaines. — 4. Épiphanie,
trente ans et trente quarantaines. — 5. Dimanches de la
Septungésime, Sexagésime, Quinquagésime, trente ans et
trente quarantaines. — 6. Mercredi des Cendres et le
quatrième dimanche du Carême, quinze ans et quinze
quarantaines. — 7. Dimanche des Rameaux, vingt-cinq
ans et vingt-cinq quarantaines. — 8. Vendredi et Samedi
saints, trente ans et trente quarantaines. — 9. Tous les
autres dimanches et tous les autres jours du Carême, dix
ans et dix quarantaines. — 10. Tous les jours de l'Octave
de Pâques, y compris le dimanche de Quasimodo, trente
ans et trente quarantaines. — 11. Saint-Marc, évangéliste,
25 avril, trente ans et trente quarantaines. — 12. Les trois
jours des Rogations, trente ans et trente quarantaines. —
13. Veille de la Pentecôte, dix ans et dix quarantaines. —
14. Dimanche de la Pentecôte et tous les jours de l'Octave,
trente ans et trente quarantaines. — 15. Quatre-Temps de
Septembre, mercredi, vendredi et samedi, dix ans et dix
quarantaines. — 16. Avent, premier, deuxième et quatrième
dimanches, dix ans et dix quarantaines; troisième dimanche, quinze ans et quinze quarantaines. — 17. Quatre-
Temps de décembre, dix ans et dix quarantaines. — 18.
Veille de Noël, nuit de Noël et Messe de l'aurore, quinze
ans et quinze quarantaines. — 19. Fêtes de Saint-Étienne,
des Saints-Innocents, trente ans et trente quarantaines.
— 20. A toutes les autres fêtes non désignées plus haut,
soit de la Sainte-Vierge, soit des autres Apôtres, indulgence de sept ans et de sept quarantaines.

Indulgences accordées à la Confrérie de la Sainte-Face.

INDULGENCES PLÉNIÈRES. — 1° Le jour de l'admission; 2° à
l'article de la mort. — 3° A la fête de Saint Pierre, ou l'un

des sept jours suivants. — 4º A la fête de la Transfiguration de Notre-Seigneur ou l'un des jours de l'Octave. — 5º Le dimanche de la Passion, ou un autre jour fixé par l'Ordinaire. Ces indulgences, applicables aux âmes du Purgatoire, exigent la confession, la communion et une visite à l'église, siège de la Confrérie, où l'on prie aux intentions du Souverain Pontife.

INDULGENCES PARTIELLES. — Sept ans et sept quarantaines pour l'assistance aux réunions mensuelles, et soixante jours pour tout exercice pieux dans l'église de la Confrérie, pour toute œuvre de charité ou de dévotion conforme au but de la Confrérie, et chaque fois qu'on baisera la face de Jésus-Christ en disant : Seigneur montrez votre Face et nous serons sauvés. — Cent jours pour toute prière faite devant l'image de la Sainte-Face.

Indulgences du Saint-Rosaire.

Après le chemin de la Croix la dévotion la plus riche en indulgences est celle du Saint-Rosaire : Nous mentionnerons ici, sinon toutes ces indulgences, au moins les principales.

I. — Nommons d'abord le *Pardon du Rosaire*, c'est-à-dire l'indulgence plénière que l'on peut gagner, autant de fois que l'on veut, le jour de la fête du Rosaire.

Accordée par Saint Pie V, dans la célèbre bulle *Salvatoris*, du 5 mars 1572, et confirmée par plusieurs autres papes, cette insigne faveur est semblable à celle de la *Portioncule*, qui se gagne le deuxième jour du mois d'août. Elle n'est pas réservée aux Confrères du Rosaire, mais offerte à tous les fidèles qui, contrits et confessés, communient le premier dimanche d'octobre, s'ils visitent dévotement la chapelle du Rosaire, depuis les premières Vêpres de la Vigile jusqu'au coucher du soleil le jour de la fête, et s'ils prient aux intentions du Souverain Pontife.

On ne peut gagner cette indulgence plénière que dans les églises où la Confrérie du Rosaire a été érigée canoniquement, c'est-à-dire par l'autorité du Maître général de l'Ordre des Frères prêcheurs et avec la permission de l'évêque diocésain.

II. — Quelques mots maintenant des chapelets *Rosariés*, mais récités par des fidèles qui ne sont pas membres de la Confrérie du Rosaire. Voici les indulgences auxquelles ces chapelets donnent droit d'après le bref de Benoît XIII, confirmé par un décret de Pie IX.

1º A tous les fidèles qui récitent le Rosaire ou le chapelet qui en est la troisième partie, cent jours d'indulgence, pour chaque *Pater* et chaque *Ave Maria*.

2º A ceux qui auront récité le chapelet tous les jours de l'année, l'indulgence plénière une fois par an, le jour qu'ils choisiront.

3º A ceux qui récitent conjointement avec d'autres, dans une église ou ailleurs la troisième partie du Rosaire : dix ans et dix quarantaines.

4º A ceux qui ont coutume de réciter ainsi ensemble le chapelet au moins trois fois par semaine : indulgence plénière le dernier dimanche du mois aux conditions ordinaires.

Pour gagner les indulgences sus-indiquées, il faut se servir d'un rosaire ou d'un chapelet béni par un prêtre spécialement autorisé. Il faut de plus méditer sur les mystères du Rosaire; toutefois d'après une déclaration de Benoît XIII, la pieuse récitation suffit à ceux qui ne pourraient pas méditer.

Indulgences plénières. — 1º Le jour de l'inscription au registre de la Confrérie. — 2º Le premier dimanche de chaque mois. — 3º Le dernier dimanche de chaque mois. — 4º Les jours où l'on célèbre un des mystères du Rosaire. — 5º Aux fêtes de la Bienheureuse Vierge Marie. — 6º Aux jours de la Trinité; de la Fête-Dieu; le troisième dimanche d'avril. — 7º A toutes les fêtes des Saints de l'Ordre des Frères Prêcheurs, savoir : Saint Raymond de Pennafort, 23 janvier; Sainte Catherine de Rici, 13 février; Saint

Thomas d'Aquin, 7 mars; Saint Vincent Ferrier, 5 avril; Sainte-Agnès de Montpolitien, 20 avril; Saint Pierre, martyr, 29 avril; Sainte Catherine de Sienne, 30 avril; Saint Pie V, 5 mai; Saint Antonin, 10 mai; Saint Joseph de Cologne, 9 juillet; Saint Dominique, 4 août; Saint Hyacinthe, 16 août; Sainte Rose de Lima, 30 août; Saint Louis Bertrand, 10 octobre; la Toussaint de l'Ordre des Frères Prêcheurs, 9 novembre. — 8o Chaque fois que l'on dit le Rosaire entier en un seul jour. Même indulgence chaque semaine si l'on récite trois chapelets à trois différents jours. — 9o A l'article de la mort, plusieurs indulgences plénières. — 10o Le jour de la fête patronale de l'église où est la Confrérie.

INDULGENCES PARTIELLES. — 1o Cent jours à chaque *Pater* et à chaque *Ave*. — 2o Dix ans et dix quarantaines pour la récitation en commun. — 3o Trois ans et trois quarantaines pour une visite à un confrère malade, ou l'assistance aux funérailles. — 4o Sept ans et sept quarantaines pour une demi-heure de méditation. — Cent jours pour un quart d'heure. — 5o Cinquante ans pour un chapelet récité devant l'autel du Rosaire. — 6o Cinq ans et cinq quarantaines pour chaque *Ave Maria*, en prononçant le Saint nom de Jésus à la fin de la salutation angélique; Cinq ans et cinq quarantaines font deux mille vingt cinq jours par *Ave Maria*. — 7o Cent ans et cent quarantaines une fois par jour à tous les confrères qui, repentants de leurs fautes, portent avec eux le rosaire ou le chapelet en l'honneur de la Très Sainte-Vierge. Cent ans et cent quarantaines font 40,000 jours d'indulgence une fois chaque jour, pour les membres de la Confrérie qui portent sur eux le rosaire.

Indulgences du Rosaire-Vivant.

Le bref du 27 janvier 1832 accorde à tous les membres du Rosaire-Vivant les indulgences qui suivent :

INDULGENCES PLÉNIÈRES moyennant confession, communion et prières aux intentions du Souverain Pontife. — 1º Le premier jour de fête après leur admission. — 2º Aux fêtes de Noël, Circoncision, Epiphanie, Pâques, Ascension, Très Saint-Sacrement, Pentecôte, Très Sainte-Trinité, à toutes les fêtes de la Très Sainte-Vierge, aux fêtes des Saints Apôtres Pierre et Paul; de la Toussaint, et le troisième dimanche de chaque mois.

INDULGENCES PARTIELLES. — Chaque fois que les associés récitent leur dizaine quotidienne, cent jours d'indulgence si cette récitation se fait un jour ouvrable et sept ans et sept quarantaines, si elle a lieu le dimanche, un jour de fête, ou pendant les Octaves de Noël, Pâques, Très Saint-Sacrement, Pentecôte, Assomption, Nativité, Immaculée-Conception.

Indulgences accordées par le Souverain Pontife Léon XII aux Associés de l'Ange Gardien.

1º Indulgence plénière à tous les Associés de ladite Confrérie, qui, vraiment contrits, s'étant confessés et ayant communié, visiteront l'église paroissiale de Saint-Pierre le jour de leur réception et son anniversaire.

2º Indulgence plénière le jour de la fête des Anges Gardiens ou le dimanche le plus près.

3º Indulgence plénière le jour de Saint-Michel ou le dimanche le plus près.

4º Indulgence plénière les jours de Noël, Pâques, Pentecôte et l'Ascension de Notre-Seigneur Jésus-Christ; de la Conception, de la Nativité et de l'Assomption de la Bienheureuse Vierge Marie, et le jour de Saint Pierre ou le dimanche le plus près.

5º Même indulgence plénière et rémission de tous leurs péchés aux Associés de ladite Confrérie à l'article de la mort, si, vraiment pénitents, confessés et communiés, ou s'ils n'ont pu le faire, au moins sincèrement contrits, ils invoquent dévotement le saint nom de Jésus de bouche, s'ils le peuvent, ou au moins du fond du cœur.

6º De plus, accordé en la forme ordinaire à l'Eglise, aux susdits Associés, au moins contrits de cœur, une remise sur les pénitences à eux enjointes, ou par eux méritées en quelque manière que ce soit, de quarante jours, toutes les fois qu'ils se trouveront présents à quelque office de ladite Confrérie, ou qu'ils réciteront dévotement la petite prière de l'Ange Gardien, ou s'ils l'ignorent, l'Oraison Dominicale et la Salutation Angélique pour leurs confrères malades, ou les visiteront et leur adresseront quelques mots d'édification.

7º Remise de deux cents jours à ceux qui accompagneront à la sépulture leurs confrères défunts.

8º Remise de trois cents jours à ceux qui pendant une année entière auront porté sur eux nuit et jour une médaille du saint Ange Gardien.

9º Remise de deux cents jours à ceux qui adresseront quelque allocution aux Associés dans leur Oratoire.

Indulgences attachées à la Congrégation des Enfants de Marie.

INDULGENCES PLÉNIÈRES. — Le jour de la réception ou consécration à la Sainte-Vierge. — Les jours de réunion et les jours de communion générale. — Le jour de la principale et de la seconde fête de la Congrégation, alors même que ces fêtes sont transférées à un autre jour. — Le jour de la Communion, après une confession générale ou une revue, une ou deux fois l'année. — Aux fêtes de Noël, de l'Ascension, de l'Annonciation, de l'Assomption, de la Nativité et de l'Immaculée-Conception de la Sainte-Vierge. — Le jour de communion en temps de maladie grave; cette indulgence est appliquée par le P. Directeur. — Enfin à l'article de la mort.

INDULGENCES PARTIELLES. — Sept ans, en accompagnant un défunt à la sépulture. — Sept ans en priant pour un agonisant ou pour un mort dont on sonne le trépas; item, en assistant à une réunion de piété, aux saints offices, à un sermon ; item, en entendant la Sainte Messe les jours ouvriers; en examinant sa conscience avant de se coucher; en visitant les pauvres, les malades, les prisonniers; en réconciliant les ennemis.

En outre, indulgences des stations de Rome, en visitant, aux jours indiqués pour les stations, l'église de la Congrégation ou une autre église, et y récitant sept fois le *Pater* et l'*Ave*.

Pour gagner les indulgences, il faut se confesser, communier et prier aux intentions du Souverain Pontife.

Indulgences de la Congrégation des Mères chrétiennes.

INDULGENCES PLÉNIÈRES. — 1. A l'article de la mort, à toutes les associées, moyennant confession et communion, et qui prononceront dévotement, si c'est possible, ou invoqueront au moins dans leur cœur le saint nom de Jésus. — 2. A chacune des treize fêtes suivantes : Epiphanie, Immaculée-Conception et Purification de la Très Sainte-Vierge, Saint Joseph, Sainte Anne, saints Anges Gardiens, Saint Augustin, Sainte Monique, Saint Louis de Gonzague, Compassion de la Très Sainte-Vierge, Notre-Dame des Sept-Douleurs, jour de l'Octave de la Toussaint et des fidèles trépassés. — Pour gagner ces indulgences, il faut outre les conditions ordinaires, visiter la chapelle de la Confrérie et y prier aux intentions du Souverain Pontife.

Indulgences de l'Œuvre de la Propagation de la Foi.

INDULGENCES PLÉNIÈRES. — 1o 3 mai, fête de l'Invention de la Sainte-Croix. — 2o 3 décembre, fête de Saint François Xavier, patron de l'Œuvre. — 3o 25 mars, fête de l'Annonciation. — 4o fête de l'Assomption. — 5o de l'Epiphanie. — 6o 29 septembre, fête de Saint Michel. — 7o Toutes les fêtes d'apôtres. — 8o Chaque mois, deux jours au choix des associés. — 9o Une fois l'an. — 10o Le jour de la commémoration générale de tous les associés défunts. — 11o Une fois l'an, le jour de la commémoration spéciale des associés défunts du Conseil, du Comité ou de la Dizaine dont on est membre. — 12° Le jour de l'entrée dans l'Association. — 13° A l'article de la mort, en invoquant, au moins de cœur, le Saint nom de Jésus. — 14° Faveur de l'autel privilégié pour toute Messe dite au nom d'un associé en faveur d'un associé défunt.

INDULGENCES PARTIELLES. — 1° Sept ans et sept quarantaines, chaque fois qu'un associé accomplit, en faveur des Missions, une œuvre quelconque de piété ou de charité.

2° Trois cents jours, chaque fois qu'un associé assiste au Triduum du 3 mai et du 3 décembre.

3° Cent jours, chaque fois qu'un associé récite le *Pater* et l'*Ave*, avec l'invocation à Saint François Xavier.

Indulgences de l'Œuvre de Saint François de Sales.

INDULGENCES PLÉNIÈRES. — Le jour de l'entrée dans l'Œuvre. — Cinq jours, chaque mois, au choix. — Le 29 janvier, fête patronale de l'Œuvre. — Le 29 juin, fête des Saints Apôtres Pierre et Paul. — Le 8 décembre, fête de l'Immaculée-Conception. — A l'heure de la mort.

INDULGENCES PARTIELLES. — Tous les jours pour l'*Ave Maria* et Saint François de Sales, priez pour nous (Cent jours). — Chaque fois qu'ils auront recruté un nouvel associé (Trois cents jours). — Pour toute bonne œuvre de zèle, de charité, de piété (soixante jours).

Indulgences de l'Œuvre du Denier de Saint-Pierre.

INDULGENCES PLÉNIÈRES. — 1° Au jour où l'on entre dans l'association moyennant confession, communion et prières aux intentions du Souverain Pontife.

2° A chacune des fêtes suivantes : Chaire de Saint Pierre à Rome (18 janvier). — Fête de Saint Pierre et de Saint Paul, de Saint-Pierre-aux-Liens (1er août).

INDULGENCES PARTIELLES. — 1º Sept ans et sept quarantaines chaque jour, si l'on dit pieusement, le *Pater*, l'*Ave*, le *Gloria Patri* et le *Credo*. —. 2º Trois cents jours pour toute autre bonne œuvre accomplie aux fins de l'association.

Indulgences de l'Œuvre de Notre-Dame des Soldats.

INDULGENCES PLÉNIÈRES. — 1. Le 22 septembre, jour de la fête de Saint Maurice, patron de l'armée, ou l'un des quatorze jours suivants. — 2. Chaque mois, un jour au choix. — 3. A l'article de la mort. — 4. Les saints jours de Pâques et de Pentecôte. — 5. Le vendredi, jour du Sacré-Cœur. — 6. Le jour de la fête de l'Immaculée-Conception.

Lyon. — Imp. de LA CROIX. — M. PAQUET, 40, rue des Remparts-d'Ainay.

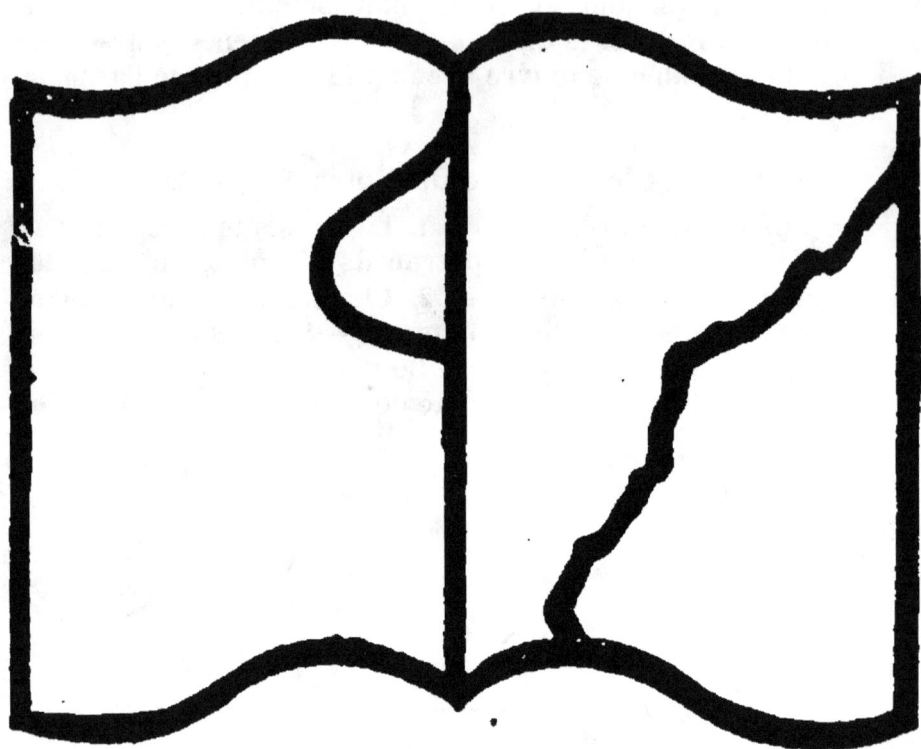

Texte détérioré — reliure défectueuse

NF Z 43-120-11

TABLE DES MATIÈRES

TROISIÈME PARTIE

Les Échelons de la vraie Fraternité

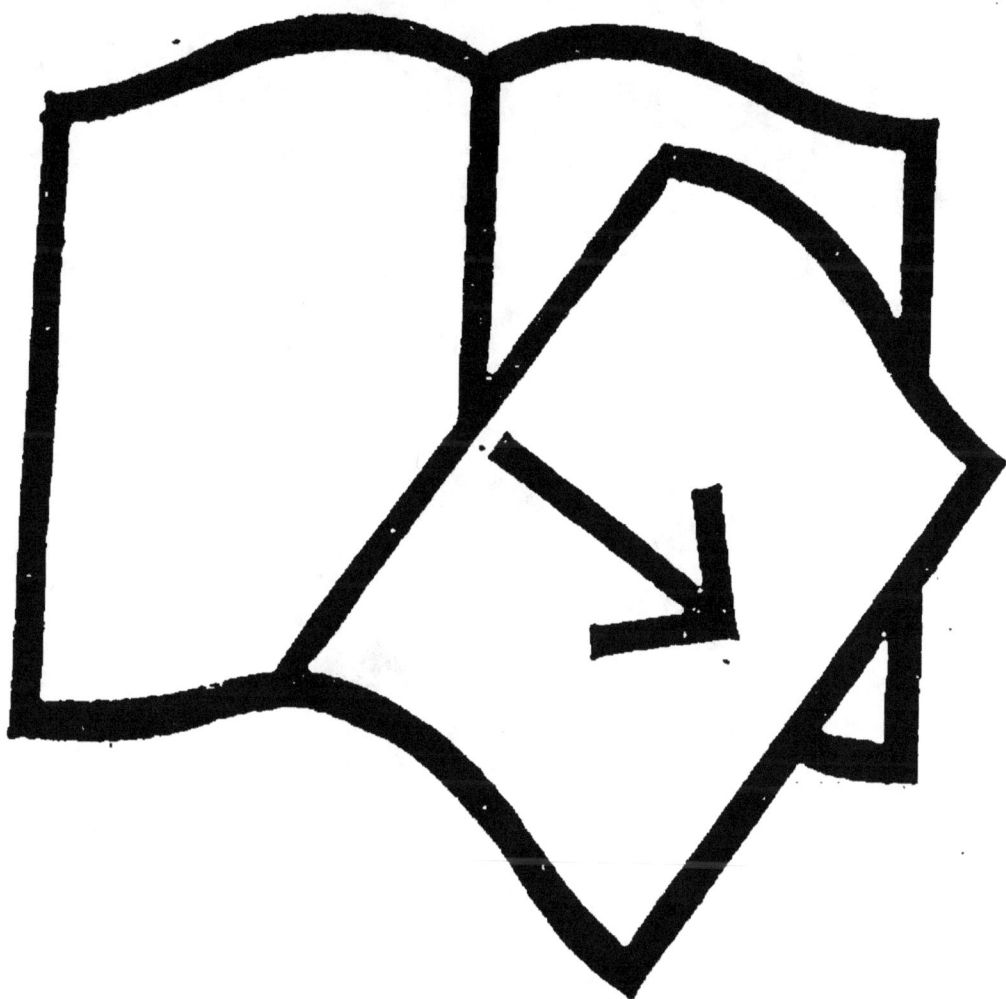

Documents manquants (pages, cahiers...)
NF Z 43-120-13

www.ingramcontent.com/pod-product-compliance
Lightning Source LLC
Chambersburg PA
CBHW052047270326
41931CB00012B/2664